REVUE

DES

SCIENCES NATURELLES

DE L'OUEST

PARAISSANT TOUS LES TROIS MOIS

EXTRAIT

INVENTAIRE
AVEC CARTES
DES
MONUMENTS MÉGALITHIQUES DU MORBIHAN
DANS LE PÉRIMÈTRE DES ACQUISITIONS DE L'ÉTAT
DANS LES CANTONS DE
QUIBERON, BELZ ET LOCMARIAQUER

Par F. GAILLARD

Officier d'Académie, Membre de la Société d'Anthropologie de Paris
et de la Société polymathique du Morbihan.

PARIS

AUX BUREAUX DE LA
REVUE DES SCIENCES NATURELLES DE L'OUEST
14, Boulevard Saint-Germain, 14
DÉPOSITAIRE
Paul KLINCKSIECK, éditeur, 52, rue des Écoles.

1892

INVENTAIRE

MONUMENTS MÉGALITHIQUES DU MORBIHAN

DANS LE PÉRIMÈTRE DES ACQUISITIONS DE L'ÉTAT

PREMIÈRE PARTIE :

LE CANTON DE QUIBERON

(LA TRINITÉ, CARNAC, PLOUHARNEL, SAINT-PIERRE ET QUIBERON)

PAR

F. GAILLARD (de Plouharnel)

AVANT-PROPOS

En publiant le résumé succinct des notes que de nombreuses années de recherches dans ces pays m'ont permis de rassembler, je crois présenter un travail complet, sans erreur ni omission et être précis et correct.

Je n'admets ni ne présente aucune théorie ; je ne suis exclusif d'aucun fait accompli et je signale tous les travaux effectués, tout ce qui en a été écrit en même temps que j'indique où les résultats peuvent se vérifier.

De cét ensemble de faits matériels, travaux, résultats, monuments eux-mêmes, il doit survenir à mon point de vue et selon mes désirs à la fois une facilité plus grande d'appréciation et une sûreté plus pratique d'observation.

Avant que de juger de la période dolménique en général et de la pierre polie sur tout le globe, qu'elle a assurément couvert, il est essentiel de bien connaître les monuments qui nous entourent, ce qu'ils sont, ce qu'ils ont contenu, ce que chaque chercheur en a écrit ou même conclu. Aussi bien, ce pays est couvert de trop nom- -breux et trop variés monuments mégalithiques. L'État l'a trop bien reconnu en y effectuant l'acquisition de son vaste musée à travers champs, pour que des études patientes, suivies, consciencieuses ne viennent produire quelque faible lumière dans cette épaisse et com-

1

pacte nuit qui couvre encore, malgré les travaux de nos meilleurs maîtres, la majeure partie de ces monuments.

Mon but est de livrer à tous ce que je connais à fond, pour l'avoir pratiqué bien longtemps avec une consciencieuse assiduité, de façon à stimuler ainsi les bonnes volontés en les facilitant et m'estimant heureux et bien récompensé si j'ai pu, par ce moyen, procurer des succès aux autres.

Nous avons un but, la vérité scientifique ; nous avons, avant tout, besoin de lumière en préhistorique. Or, vérité et lumière s'obtiendront non point en théorie ou en hypothèse, mais par des travaux de fouilles, par des faits matériels, et ceci est le vade mecum du chercheur dans ces pays.

Janvier 1892.

CARTE DU CANTON DE QUIBERON. — TEXTE EXPLICATIF.

LA TRINITÉ

1. Er-Hourich K., 892

Tumulus aujourd'hui entièrement détruit, exploré en 1867 par la Société polymathique. Rapport à la même société par MM. de Cussé et L. Galles. 1867, pages 81 et 82. Résultats au musée de la Société polymathique à Vannes.

2. Kerdo-vras, Mein er Roch' K., 1030

Dolmen à galerie, exploré en 1867 par la Société polymathique. Rapport à la même société par MM. de Cussé et L. Galles. 1867, pages 83 et 84. Résultats au musée de la Société polymathique. Ouverture au sud.

3· Mané Roularde H., 1368

Allée couverte ruinée, prise dans une clôture. Exploration en 1867 par la Société polymathique. Rapport à la même société par MM. de Cussé et L. Galles. 1867, page 88, sans résultats. Exploration complétée par Miln en octobre 1879. Vannes, 1883, imprimerie Galles. Résultats au musée Miln à Carnac. Ouverture au sud.

4. Kermarker, er Roch' H., 1051

Dolmen à galerie et cabinet latéral, exploré en 1867 par la Société polymathique. Il contenait un objet en or. Rapport à la même société par MM. de Cussé et L. Galles. 1867, pages 85 et 86. Résultats au musée de la Société polymathique. Exploré de nouveau par M. Gaillard, 18 juillet 1887. Rapport à la Société polymathique par M. Gaillard. 1890, pages 120 et 121. Résultats dans les collections de M. Gaillard. Ouverture à l'est.

5. Penher, Mané Penher H., 1142

Dolmen complètement ruiné et démoli, exploré en 1867 par la Société polymathique. Rapport à la même société par MM. de Cussé et L. Galles. 1867, page 87, sans résultats. Ouverture indertéminable avec exactitude. Altitude à la carte d'état-major, 23 mètres.

6. Kervilor, Mané bras H., 986

Deux dolmens parallèles, à galerie, sur le même tertre. Explorés en 1867 par la Société polymathique. Rapport à la même société par MM. de Cussé et L. Galles. 1867, page 87, sans résultats. Explorés de nouveau par M. Gaillard, 10 avril 1886. Le dolmen au midi lui a fourni, sous le dallage, deux vases entiers, six pointes de flèche et un collier de seize grains en callaïs. Rapport à la Société d'anthropologie. 1886, pages 478 à 481, et au congrès de l'Association française pour l'avancement des sciences. Nancy, 1886. Résultats dans les collections de M. du Chatellier, à Kernuz (Finistère). Ouverture à l'est.

7. Kervilor, Máne-Li H., 935

Dolmen ruiné. Exploré en 1867 par la Société polymathique. Rapport à la même société par MM. de Cussé et L. Galles. 1867, page 87, sans résultats. Exploré de nouveau en juin 1887 par M. Gaillard. Rapport à la Société polymathique. 1890, pages 121 et 122. Résultats dans les collections de M. Gaillard. Ouverture à l'est.

8. Kervilor, er Rohec H., 895

Deux dolmens parallèles, sur le même tertre, tous deux à galerie sur le côté latéral. Explorés en 1867 par la Société polymathique. Rapport à la société par MM. de Cussé et L. Galles. 1867, pages 87 et 88. Résultats au musée de la Société polymathique. Ouverture au sud-est.

9. Le Laz, H., 809

Trois menhirs renversés que leurs bases indiquent avoir été érigés nord et sud, à deux mètres l'un de l'autre et semblant constituer un système d'ensemble comme au vieux moulin à Phouharnel et à Kerascouët en Erdeven. Explorés en mars 1890 par M. Gaillard. Résultats, fragments de poterie et pointe de lance en silex, barbelée. Collections de M. Gaillard. Altitude à la carte d'état-major, 24 mètres.

11. Alignements du Menec Vihan H., divers numéros

Alignement de menhirs acquis et restaurés par l'État. Ils comptent huit rangées et cent quatre-vingt-quatre menhirs. Ils font un coude, avant la fin, dans la direction du nord-est; exactement au 41° degré de la boussole et ne présentent plus que trois rangées.

Le commencement est orienté vers l'est-nord-est; exactement au

66° degré de la boussole. On les a considérés comme un système
séparé de celui de Kerlescan; d'autres croient qu'ils en sont le com-
plément. Comme tous les alignements ils font partie des monuments non définis scientifiquement.

12. Kéric en Armor, er Mané K., 439

Dolmen complètement ruiné et démoli. Aucun rapport d'exploration n'en existe. Ouverture indéterminable exactement.

13. Kerdual, er Mané K., 176

Dolmen démoli, exploré en 1867 par la Société polymathique.
Rapport à la même société par MM. de Cussé et L. Galles. 1867,
page 84, sans résultats. Ouverture indéterminable avec exactitude.

14. Bois du Laz H., 649

Dolmen sans ouverture, sous tumulus, exploré en 1881 par la
Société polymathique. Rapport à la même société par M. Fontès.
1881, pages 121 à 123.

CARNAC

1. Saint-Michel, Mané Miguel M., 455

Tumulus à dolmen, acquis par l'État, exploré en 1862 par la
Société polymathique. Neuf pendeloques et cent un grains de collier
en callaïs, trente-neuf haches jade et trémolithe. Rapports à la
Société polymathique par M. René Galles. 1862, pages 7 à 17, par
M. de Closmadeuc. 1862, pages 18 à 28 et 28 à 40. Résultats au
musée de la Société polymathique. Ce dolmen a des cupules à l'intérieur de la table. Ouverture à l'est. Altitude à la carte d'état-major,
44 mètres.

2. Groix Moquen, O., 1026

Dolmen complètement démoli, bouleversé plusieurs fois sans
aucun rapport de fouilles. Ouverture indéterminable avec exactitude.

3. Grah'tri men N., 1049

Dolmen entièrement ruiné, au midi et tout à proximité des alignements du Ménec. Exploré en janvier 1878 par Miln. Il contenait
deux petites agrafes en or. Vannes, 1883, imprimerie Galles et
Société polymathique. 1882, pages 145 à 147. Résultats au musée
Miln à Carnac. Ouverture indéterminable avec exactitude.

4. Kercado, Mané Groh' I., 61

Dolmen à galerie sous tumulus, à sculptures lapidaires sur les parois et sur la table. Exploré en 1863 par la Société polymathique Rapport à la même société par M. René Galles, 25 août 1863. Résultats au musée de la Société polymathique. Ouverture au sudest.

5. Kerlhuir, er Menhir M., 619

Menhir acquis par l'État ; probablement indicateur de la sépulture suivante.

6. Kerlhuir, er Roch'bihan M., 636

Dolmen complètement ruiné, sans relation de fouilles et dont l'ouverture est indéterminable avec exactitude.

7. Le Ménec. Alignements M., N., O., divers numéros

Alignements de menhirs précédés d'un cromlech. Ce dernier est mi-latéral aux avenues, c'est-à-dire qu'au lieu d'être dans leur axe, il les déborde au midi et n'atteint pas la première au nord. Il y a onze lignes de menhirs. Cet immense monument, dont la définition, comme celle de tous les autres semblables, n'a pas été scientifiquement faite, est entièrement acquis et restauré par l'État. Avant leur restauration, les alignements comptaient sept cent soixante-treize menhirs et le cromlech soixante-deux, au total huit cent trente-cinq menhirs. Ce nombre s'est augmenté, depuis les travaux de restauration, de beaucoup de menhirs, ou enfouis ou disséminés dans des clôtures démolies depuis. Le Ménec a un développement de onze cent cinquante-deux mètres ; les avenues se dirigent vers l'est-nord-est ; exactement au 70e degré de la boussole.

8. Kerderw, er Menhir N., 1242 et 1243

Deux menhirs isolés, debout, distants l'un de l'autre. Acquis par l'État. Explorés par Miln, sans résultats. Altitude à la carte d'état-major, 21 mètres.

9. Kerifol, Criforn N., 1202

Deux menhirs isolés dont un est renversé, distants l'un de l'autre. Acquis par l'État. Explorés par Miln, sans résultats.

10. Le Ménec N., 1159. — Lann Mesper et N., 1259. — Lann er Vénec

Deux menhirs isolés tombés à 150 mètres environ au nord-ouest des alignements, l'un dans une clôture et l'autre dans un vague, se reliant probablement aux alignements comme les précédents.

11. Nilestrec O., 900

Menhir sans caractère déterminé, pris dans une clôture à l'est de la route en arrivant à Carnac. Acquis par l'État.

12. Kermario, Mané Kervario M., 223

Dolmen à galerie, tout à proximité des alignements du même nom. Acquis et restauré par l'État. Exploré à diverses reprises sans qu'on en connaisse les résultats ou un rapport. Son ouverture est au sud-sud-est.

13. Kermario. — Alignements M. et H., divers numéros

Alignements de menhirs ; le deuxième monument de ce genre à Carnac, complètement séparé du précédent, le Ménec, et dont l'orientation, au surplus, est différente. Il n'existe aucun cromlech, mais à une centaine de mètres, vers l'ouest, quelques menhirs renversés. Il en existe également sur le flanc nord de ces alignements, ou ces menhirs réunis ou agglomérés ne présentent aucun caractère définissable. Kermario, comme les autres alignements n'a pas encore été expliqué. Miln a spécialement étudié ce monument et a consigné ses observations dans son ouvrage : Kermario, 1881. Rennes, typographie Oberthur. Il y a dix lignes de menhirs ; avant les travaux de restauration ce système comprenait au total six cent soixante dix-huit menhirs. Il se développe sur une étendue de douze cents mètres et se dirige vers le nord-est ; exactement au 57° degré de la boussole.

14. Kerlescan. — Alignements H., 555 a 559 et 578

Alignements de menhirs, le troisième système de Carnac, séparé du deuxième, Kermario ; précédé d'un cromlech qui n'a pas l'apparence curviligne des autres, mais néanmoins arrondi aux angles. Acquis et restauré par l'État, Kerlescan a treize lignes de menhirs. Le cromlech en comptait, avant la restauration, trente-neuf, et les alignements deux cent dix-neuf ; au total deux cent cinquante-huit. Ce monument a une étendue de trois cents mètres ; il est interrompu par le village de Kerlescan même dont la construction des maisons a dû contribuer, dans une large mesure, à la destruction. Le côté nord du cromlech est borné par un long barrow exploré sans qu'on en connaisse ou rapport ou résultat. Ce long barrow est précédé, à l'ouest, d'un grand menhir debout.

Il existe aussi, dans l'axe nord-est du cromlech et s'éloignant de

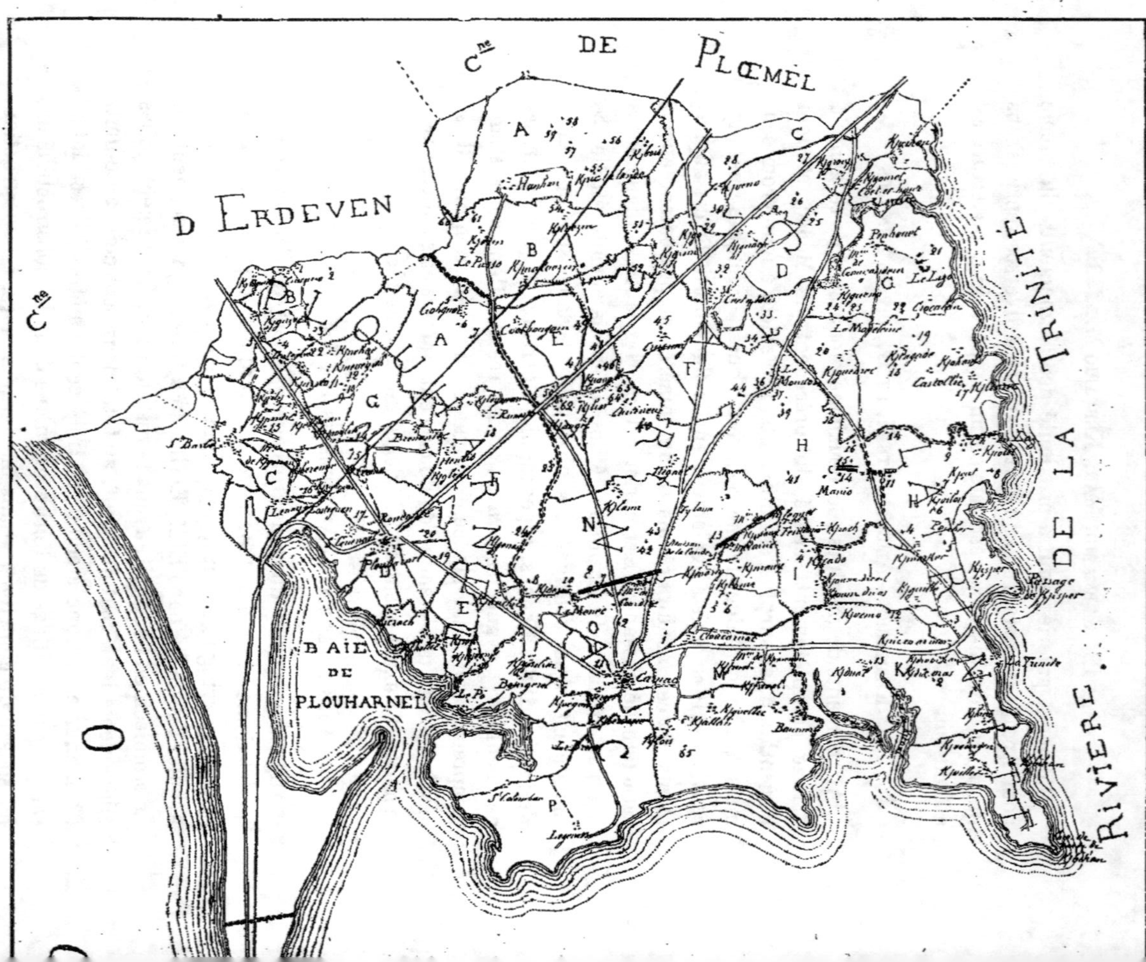
Cⁿᵉ DE PLŒMEL
D'ERDEVEN
Cⁿᵉ
BAIE DE PLOUHARNEL
RIVIÈRE DE LA TRINITÉ
— 8 —

CARTE

DES

MONUMENTS MÉGALITHIQUES

DU

CANTON DE QUIBERON

(Morbihan)

PAR

M. F. GAILLARD (de Plouharnel)

OFFICIER D'ACADÉMIE

MEMBRE DE LA SOCIÉTÉ POLYMATHIQUE

DU MORBIHAN

ET DE LA SOCIÉTÉ D'ANTHROPOLOGIE DE PARIS

—

1892

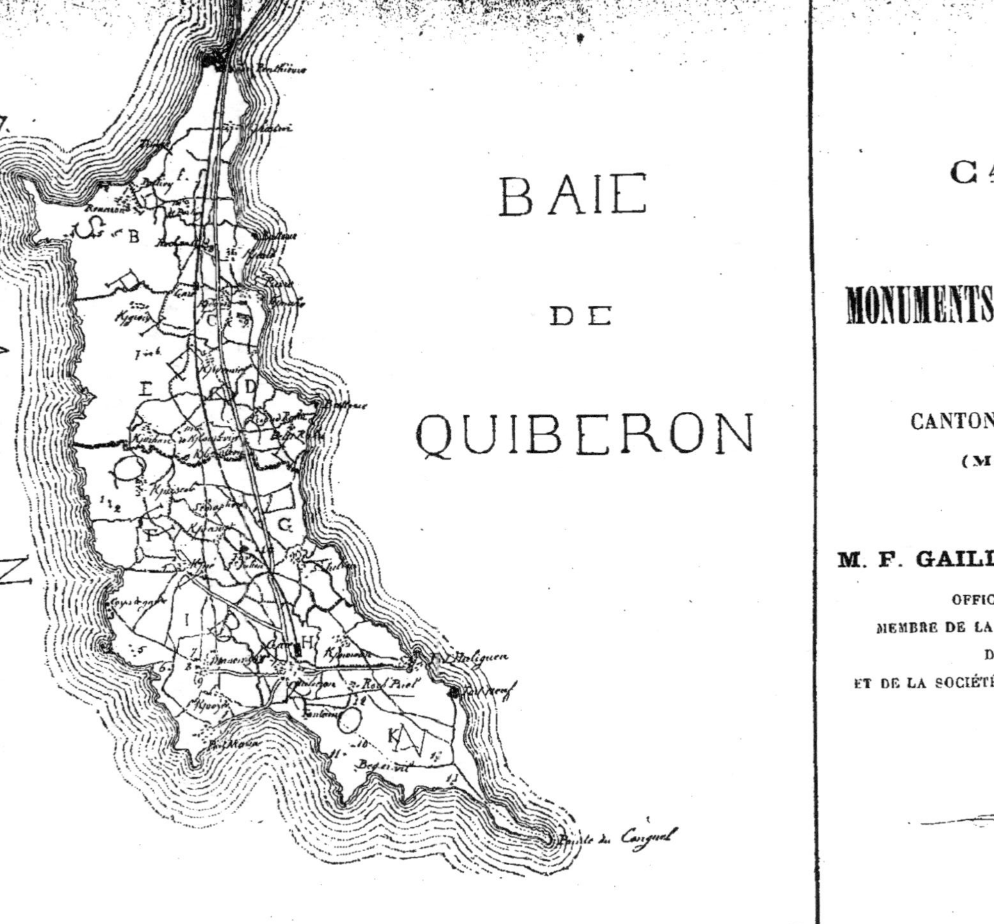

cette enceinte, une ligne de menhirs dans une clôture et qu'il est impossible de désigner sur carte.

Ces alignements se dirigent vers l'est ; exactement au 95e degré de la boussole.

15. KERLESCAN, LANN ER GROH' H., 572

Tumulus à dolmen avec cromlech environnant. Acquis et restauré par l'État. Le tumulus recouvrait une longue allée couverte ayant un dolmen à chaque extrémité ; elle était séparée au milieu par deux pierres juxtaposées et percées, chacune à leur jonction et à mi-hauteur, d'une demi-circonférence. Au côté sud de la galerie existait une ouverture pareille par deux supports percés. La plupart des supports, particulièrement ceux-là, comme les tables, ont été détruits. Le cromlech est quadrangulaire et compte vingt-neuf menhirs. Exploré par M. de Kérenflech et ensuite par M. Lukis, sans rapports écrits. Rapport à la Société polymathique par M. de Villemeureuil. 1860, pages 13 et 14. Rapport à la Société d'anthropologie par M. Gaillard. 1887, pages 687 à 693, et 1888, pages 461 à 463. Orientation à l'est.

16. KERLESCAN G., 1154 ET 1057

Deux menhirs au nord du tumulus précédent. Ils ont l'apparence de menhirs indicateurs soit du tumulus, soit des alignements.

17. KERLÉAREC, ER VELANEC G., 1216

Allée couverte, peut-être la plus considérable des environs par son étendue, mais aujourd'hui complètement démolie par le propriétaire qui en a nivelé la terre. M. Gaillard possède dans ses collections une grande pendeloque en quartz rose et une grande partie d'une hache qui proviennent de la destruction totale. Miln avait eu l'intention d'explorer ce monument avant son anéantissement ; il avait même commencé, quand il fut enlevé lui-même. Il en laisse quelques mots à la page 9 de ses mémoires (Mané Roularde). Vannes, 1883, imprimerie Galles.

18. KERLAGADE, LANNEC ROCH' G., 989

Deux dolmens à galerie, parallèles, sur le même tertre, aujourd'hui bouleversés tous deux. Explorés par M. Lukis qui y recueillit deux petites parcelles d'or ; sans rapport de fouilles en France. Explorés de nouveau par M. Gaillard en août 1887. L'un de ces dolmens a le dallage de la chambre d'une seule grande pierre ; il y fut recueilli de la callaïs. Résultats aux collections de M. Gaillard. Ouverture au sud.

19. KERLAGADE, ROCH' G., 742

Menhir dans un champ de blé au nord du village. Acquis par l'État. Ce fut probablement le menhir indicateur des dolmens précédents ou peut-être d'autres détruits depuis un temps reculé.

20. CLOS PERNEL, G., 579

Deux dolmens en ruines, distancés l'un de l'autre Aucune relation de fouilles n'en existe. Ouverture au sud-sud-ouest.

21. LE LIZO, ER ROCH' G., 226

Dolmen à galerie en ruines; sur le même plateau et du côté nord, environnant ce dolmen de quinze à vingt mètres, plusieurs coffres de pierres. Exploré sans qu'il y ait de relation. Résultats inconnus. Ouverture au sud-est.

22. LE LIZO, ROGARTE G., 300

Dolmen exploré en novembre 1884 par M. Gaillard. Il contenait un collier de vingt-deux grains, deux pendeloques et une hache pendeloque en matières variées, sept pointes de flèche, dix vases, etc. Rapport à la Société polymathique. 1883, page 241. Résultats dans les collections de M. du Chatellier, à Kernuz (Finistère.)
Ouverture au sud-sud-est.

23. LA MADELEINE, ER ROCH' G., 490

Dolmen acquis par l'État. Le dallage de la chambre est d'une seule grande pierre. Exploré à diverses reprises sans relation de fouilles. Exploré de nouveau par M. Gaillard en novembre 1883. Il découvrit à huit mètres cinquante du dolmen, sur le même tertre, un coffre de pierres. Rapport à la Société polymathique. 1883, page 244. Ouverture au sud-sud-est.

24. LA MADELEINE, ROCH'FEUTET G., 526.

Dolmen acquis par l'État. Deux tables à la chambre. Exploré en 1873 par M. Charles Pendu, sans rapport de fouilles; exploré de nouveau en septembre 1877 par Miln. Vannes, 1883, imprimerie Galles et à la Société polymathique. 1883, page 20. Résultats au musée Miln à Carnac. Ouverture au sud.

25. Kergouret F., 48

Tumulus à dolmen ruiné. Exploré en 1866 par M. de Closmadeuc sans résultats. Exploré de nouveau par M. Gaillard en 1885. Rapport à la Société d'anthropologie. 1886, pages 160 à 162. Résultats, dont une hache en quartz-agate, dans les collections de M. Gaillard. Ouverture à l'est-sud-est.

26. Kergroix, Mané Hyr C., 274

Dolmen actuellement ruiné. Exploré en août 1885 par M. Gaillard. Il y a été notamment recueilli un collier de vingt-sept grains en serpentine. Rapport à la Société d'anthropologie. 1885, pages 640 à 642. Résultats dans les collections de M. du Chatellier, à Kernuz (Finistère). Ouverture au sud.

27. Kergroix C., 154

Menhir tout à côté et au nord de la route d'Auray.

28. Kervéno, Mané Rumentur C., 25

Tumulus ruiné, surtout après les fouilles. Exploré en 1867 par la Société polymathique. Rapport à la même société par M. de Closmadeuc. 1867, page 95. Ce tumulus semble appartenir à l'époque de la transition du bronze ; on y a recueilli un vase à quatre anses, assurément cinéraire, et un fragment de bronze. Résultat au musée de la Société polymathique. Ouverture indéterminable avec exactitude.

29. Kergo, er Rohellec D., 483

Deux dolmens à galerie, parallèles, sur le même tertre. Explorés par M. Lukis, sans rapport en France. Explorés de nouveau par M. Gaillard en mars 1888. Rapport à la Société d'anthropologie. 1888, page 430 à 433. Résultats dans les collections de M. Gaillard. Ouverture au sud.

30. Kergo, Parc bras D., 250

Menhir isolé, acquis par l'État. Probablement menhir indicateur des deux dolmens précédents et à proximité.

31. Cöet A tous, er Mané D., 579

Dolmen complètement ruiné et près de la chapelle du village. Aucune relation de fouilles. Ouverture indéterminable avec exactitude.

32. Coët a tous, Mané Gragueux D., 515

Dolmen en ruines, exploré par Miln en 1877. Vannes, 1883, imprimerie Galles. Résultats au musée Miln, à Carnac. Ouverture indéterminable avec exactitude.

33. Coët a tous, Mané Brisil F., 295

Dolmen à galerie et chambre circulaire, bouleversé. Exploré par M. de Kérenflech, sans relation de fouilles. Ouverture au sud-est.

34. Moustoir Mané Gravor F., 535

Dolmen complètement ruiné, exploré par M. Lukis en 1866, sans relation de fouilles en France. Ouverture indéterminable avec exactitude. A quelques mètres au sud, dans le champ voisin, sont encore les menhirs indicateurs.

35. Moustoir Mispirec F., 520

Menhir isolé, debout, qui a pu servir d'indicateur au dolmen précédent ou tout autre complètement détruit sur les hauteurs voisines. Le granit de ce menhir est, en partie, semblable à celui du grand menhir de Locmariaquer, avec beaucoup de grains de quartz. Il est au bas du Mané situé à l'est.

36. Moustoir F., 496 a 501

Tumulus avec dolmen et deux tombelles, acquis par l'État. Ce tumulus est surmonté d'un menhir à la partie orientale; il en existe, au bas, à chaque extrémité, un renversé. Exploré en 1864 par la Société polymathique. Rapport à la même société par M. René Galles. 1864, pages 117 à 125. Résultats au musée de la Société polymathique. Ouverture à l'est. Altitude à la carte d'état-major, 32 mètres.

37. Moustoir, Magourguen H., 131

Dolmen complètement démoli, sans relation de fouilles et dont l'ouverture est indéterminable avec exactitude.

38. Moustoir, Cristual H., 1

Dolmen complètement démoli, à l'ouest et près de la route de la Trinité. Exploré par Miln qui n'en a laissé aucune relation ni indiqué les résultats. Ouverture indéterminable avec exactitude.

39. Moustoir, Mané Ouah'tihir H., 144

Dolmen entièrement ruiné. Exploré en août 1876 par Miln. Vannes, 1883, imprimerie Galles. Société polymathique, 1883, page 24. Résultats au musée Miln à Carnac. Ouverture indéterminable avec exactitude.

40. Run Mori, N., 274 et 275

Dolmen démoli, exploré par Miln en novembre 1878. Vannes, 1883, imprimerie Galles. Résultats au musée Miln, à Carnac. Ouverture indéterminable avec exactitude.

41. Le Manio H., 286 à 288

Enceinte quadrangulaire du même genre que le cromlech du tumulus de Kerlescan. Acquise et restaurée par l'État. Un moulin, dont il restait la base, y existait à l'intérieur; il avait pu être construit avec le monument que renfermait l'enceinte, s'il y en a eu. Ce moulin a été détruit par l'État. Un grand menhir de cinq mètres cinquante est à proximité; il était renversé, mais actuellement il est relevé. Il a pu être l'indicateur du monument. Altitude à la carte d'état-major, 31 mètres.

42. Mané Runel N., 991

Dolmen complètement détruit, assez à proximité du flanc nord des alignements du Ménec, vers la fin, sans relation de fouilles. Résultats inconnus. Ouverture indéterminable avec exactitude. Altitude à la carte d'état-major, 19 mètres.

43. Mané Coh'Clour N., 954

Dolmen entièrement démoli. Exploré en 1878 par Miln. Vannes, 1883, imprimerie Galles, et Société polymathique, 1883, pages 20 à 22. Résultats au musée Miln à Carnac. Ouverture indéterminable avec exactitude.

44. Mané, er Layeu M., 553

Dolmen ruiné. Exploré par Miln en 1876. Vannes, 1883, imprimerie Galles, et Société polymathique, 1883, pages 30 à 31. Résultats au musée Miln, à Carnac. Ouverture indéterminable avec exactitude.

45. Crucuny, Mané Crucuny E., 607

Tumulus recouvrant un dolmen et surmonté d'un menhir à la partie orientale. Acquis par l'État. Exploré à diverses reprises, sans relation de fouilles.

46. Keriaval E., 337

Dolmen à trois cabinets latéraux. Acquis et restauré par l'État. Exploré en 1867 par la Société polymathique. Rapport à la même société par M. de Closmadeuc. 1867, page 95. Résultats au musée de la Société polymathique. Ouverture à l'est.

47. Keriaval. Mané Kérioned E., 322

Groupe de trois dolmens sur le même tertre ; le premier et le troisième à galerie et parallèles ; le deuxième, entre les autres, leur est perpendiculaire. Le premier, à l'ouest, est un peu enfoui, mais au-dessus du sol ; le deuxième, au milieu, est à demi enfoui. L'intérieur dela chambre est dallé par une seule grande pierre. Le troisième est au-dessous du sol et il présente six supports revêtus de sculptures lapidaires. Dans l'ordre des dolmens sculptés, celui-ci vient immédiatement après celui de Gavr'inis. Le Mané Kerioned Gavr'inis et ses trois dolmens ont été acquis et restaurés par l'État. Explorés en 1867 par la Société polymathique. Rapport à la même société par M. de Closmadeuc. 1867, pages 93 à 95. Résultats au musée de la Société polymathique. Ouvertures : premier et troisième, au sud ; deuxième, à l'est.

A proximité du Mané et au sud sont plusieurs menhirs debout, probablement les indicateurs.

48. Klud-er-yer, Grah'Milorec E., 437

Dolmen dont les tables ont été détruites, mais à trois cabinets latéraux. Il y a des cupules au bas de l'un des supports du premier cabinet latéral nord. Acquis par l'État. Exploré en 1867 par la Société polymathique. Rapport à la même société par M. de Closmadeuc. 1867, page 92 et 93, sans résultats bien appréciables. Exploré de nouveau par M. Gaillard en 1887. Rapport à la Société polymathique. 1890, pages 122 et 123. Résultats dans les collections de M. Gaillard. Ouverture à l'est.

A proximité et vers le nord se trouvent trois menhirs abattus, probablement indicateurs du monument.

49. KERGRIM, LANN POUDÈQUE E., 419

Dolmen ruiné et détruit. Exploré en mai 1876 par Miln, sans résultats appréciables. Vannes, 1883, imprimerie Galles et Société polymathique. 1883, page 29. Exploré de nouveau par M. Gaillard en juillet 1886. Il contenait des grains de callaïs. Rapport à la Société polymathique. 1890, page 116. Résultats dans les collections de M. Le Pontois à Lorient. Ouverture indéterminable avec exactitude.

50. COËT OUGHAM, COGNEL E., 260

Dolmen ruiné, dont il ne reste que trois supports debout, à proximité de la route d'Auray, sans relation de fouilles ou de résultats. M. Gaillard y a recueilli des silex et de la poterie. Ouverture à l'est-sud-est.

51. KERGRIM, MANÈ GARDREINE D., 107

Dolmen ruiné, sans relation de fouilles ou de résultats. Ouverture au sud.

52. KERGRIM, D., 128

Allée couverte en ruines, prise dans une clôture d'épines, sans relation de fouilles ou de résultats. Orientation au sud.

53. KELVEZIN, MANÉ LAVAREC A., 816

Dolmen sur le haut du Mané, actuellement bouleversé. Exploré par M. Lukis, sans aucun rapport en France. Exploré de nouveau par M. Gaillard en mai 1886. Rapport à la Société polymathique. 1890, pages 114 et 115. Résultats dans les collections de M. Gaillard. Ouverture au sud-sud-est.

54. KELVEZIN, COËT HOUAREM B., 309

Dolmen ruiné, au centre et au sommet d'un taillis au nord-ouest du village, sans relation de fouilles ou de résultats. Ouverture à l'est.

55. KÉRIC LA LANDE, ER MANÉ A., 583

Deux dolmens à galerie, sur le même plateau, mais à trente mètres l'un de l'autre ; ruinés et bouleversés. Explorés par M. l'abbé Lavenot. Rapport à la Société polymathique par M. Galles. 1869, pages 109 et 110. Résultats déposés à la Société polymathique. Ouverture à l'est.

56. Kéric la Lande, Mané Roh'en tallec A., 195

Dolmen complètement bouleversé et dont les ruines permettent de croire qu'il y eut plusieurs cabinets. Exploré en 1869 par M. l'abbé Lavenot. Rapport à la société polymathique par M. L. Galles 1869, pages 110 et 111. Résultats déposés au musée de la Société polymathique. Ouverture indéterminable avec exactitude

57. Hanhon, er Grageu A., 209

Allée couverte au milieu des bois dont les parois sont renversées et les tables détruites ; il reste debout un seul support de la chambre. Ce monument est la plus grande allée couverte connue dans le Morbihan, seize mètres environ. Sans relation de fouilles. M. Gaillard y a recueilli un vase apode grossier qui est dans ses collections. Ouverture à l'est.

58. Hanhon, Mané Pleurit A., 171

Dolmen ruiné et démoli. Exploré par M. l'abbé Collet, sans rapport de fouilles, résultats inconnus. Ouverture indéterminable avec exactitude.

59. Hanhon, men Pleurit A., 133

Menhir isolé, debout, au bas sud-ouest du Mané ; probablement indicateur du dolmen précédent.

60. Kerdrin, Mané Bihan B., 1

Dolmen démoli et ruiné. Il semble avoir eu, par les supports encore en place, un cabinet latéral. Aucun rapport de fouilles. Ouverture au sud-est.

61. Kerdrin, Mané bras B., 25

Dolmen bouleversé, chambre circulaire, tables détruites. Exploré par M. l'abbé Lavenot sans aucun rapport de fouilles. Ouverture au sud-est.

62. Kerogil, Mané bras et Mané Bihan N., 9 à 13

Il a existé au nord-ouest du village, environ 300 mètres, quatre dolmens, dont deux à sculptures, décrits par M. de Cussé ; aujourd'hui ils ont complètement disparu dans une carrière ouverte et bordant la route d'Auray. Recueil des signes sculptés dans les monuments mégalithiques par D. de Cussé. Vannes, 1865.

2

63. En Autérieu, Lannec Rocohan N., 205

Dolmen à galerie, tables renversées et ruinées. Exploré en 1867 par la Société polymathique. Rapport à la même société par M. de Closmadeuc. 1867, page 93, sans résultats appréciables. Ouverture au sud-est.

64. En Autérieu N., 250

Dolmen dont la table, affaissée à plat, semble reposer sur les supports renversés, sous le pignon d'une maison du village et qui a été bâtie dessus. Aucune relation de fouilles. Ouverture indéterminable avec exactitude.

65. Kerallan, Grah' Roch' M., 1416

Dolmen ruiné pris dans une clôture, dont la table repose sur deux supports du même côté sud. Aucune relation de fouilles. Ouverture à l'est.

66. Beaumer M.

Ruines d'un dolmen au milieu du village ; il n'en reste que la table par terre et deux supports renversés à côté dans une clôture. Aucune relation de fouilles n'en existe.

PLOUHARNEL

1. Crucuno B., 174

Dolmen presque adossé à une maison du village, l'un des plus considérables du Morbihan, acquis par l'État. Il n'existe aucune relation de fouilles, mais les haches recueillies par les habitants sont dans les collections de M. Gaillard. Une seule et énorme table a la chambre et une autre à la sortie. Ouverture à l'est.

2. Crucuno, Parc vinglass B., 192

Enceinte carrée de menhirs, monument très rare et encore non défini scientifiquement, de même que les alignements. Acquise et restaurée par l'Etat, cette enceinte est composée de vingt-deux menhirs espacés l'un de l'autre. Il n'a jamais été recueilli quoique ce soit dans ce monument à ciel ouvert. Il n'existe rien dans l'intérieur. Ce monument a été compris dans un rapport de M. Gaillard à la sous-commission des monuments mégalithiques du 19 juillet 1883. — Vannes, imprimerie Galles.

3. Kergazec B., 548

Dolmen à galerie bouleversé. Exploré par M. Lukis ; sans rapport en France. Ouverture au sud.

4. Kergazec-Men guen B., 717

Dolmen complètement ruiné et démoli. Exploré par M. Lukis, sans rapport en France. Ouverture au sud-est.

5. Gohquer. Er Mané A., 296

Dolmen à toucher le village, acquis par l'Etat. Exploré sans aucune relation de fouilles. Une seule table à la chambre. Ouverture au sud.

6. Gohquer. Lann er mané begue en er hor. A., 195.

Dolmen situé au milieu des cultures, complètement démoli. Exploré par M. Lukis, sans rapport en France. Ouverture au sud-est.

7. Gohquer. Mané er roch' A., 155

Dolmen à galerie sur un tertre bordant la ligne ferrée, ruiné. Exploré par M. Lukis qui y recueillit un vase, une grande lame en silex, et d'autres objets. Il n'existe en France aucun rapport de fouilles. Ouverture au sud-sud-est.

8. Gohquer A., 281 et 313

Enceinte carrée dont il ne subsiste que deux côtés, ouest et nord. On y compte vingt et un menhirs, dont onze à l'ouest et dix au nord. Ce monument est en tout semblable à celui de Crucuno.

9. Mané Remor, Lann Remor G., 441

Dolmen démoli et ruiné, au midi de cette hauteur. Exploré par divers, sans qu'il y ait eu aucune relation. Ouverture indéterminable avec exactitude.

10. Mané Remor, Lann Remor G., 455

Dolmen acquis par l'Etat. Exploré en 1877 par M. Chaplain Duparc, sans rapport. Une seule table à la chambre. Ouverture à l'est.

11. Mané Remor, Lann Remor G., 455

Dolmen ruiné au nord du précédent. Exploré par M. Chaplain-Duparc en 1877, sans rapport. Miln en parle dans son mémoire : *Quelques explorations archéologiques* superficiellement néanmoins, puisqu'il y fait des erreurs d'orientation. Société polymathique, 1883, pages 26 et 27. Ouverture à l'ouest.

12. Mané Remor, Lann Remor G., 256

Quatrième dolmen de cette hauteur, au nord-est des autres. Ruiné et démoli. Exploré le 26 juillet 1883 par M. Gaillard. Rapport à la Société polymathique, 1883, page 223. Résultats dans les collections de M. Gaillard. Ouverture au sud-ouest. Altitude du Mané Remor à la carte d'état-major, 33 mètres.

13. Sainte-Barbe G., divers numéros.

Alignements de menhirs dont il ne subsiste que trois rangées ; une quatrième est prise dans un mur de clôture au nord. L'Etat n'en a acquis que les quatre menhirs du commencement. Les dernières destructions faites ont eu lieu en 1888. Actuellement il subsiste, tant debout que renversés, trente-sept menhirs. Etendue deux cent quatre-vingt-quatre mètres. Ces alignements se dirigent vers l'est-sud-est, exactement au 117e degré de la boussole.

Le Cromlech est encore indiqué à l'ouest des rangées par des menhirs ensablés et enfouis renversés. On ne pourrait en juger qu'après restauration. Comme les autres du même genre, ce monument n'est pas défini.

14. Vieux-Moulin G., 366

Groupe de trois menhirs dont un renversé, acquis par l'Etat. Ces menhirs, qui font nord et sud par leur érection, ne se relient ni par leur situation, ni par leur direction aux alignements de Sainte-Barbe. Ils ont une similitude complète avec ceux du Laz à la Trinité. Altitude à la carte d'état-major, 30 mètres.

15. Vieux-Moulin G., 357

Autre groupe de six menhirs, également érigés nord et sud, sans relation apparente avec ceux de Sainte-Barbe et, comme les précédents, sans définition jusqu'ici. Acquis et restaurés par l'Etat.

16. Lenay, er Roch' C., 646

Dolmen complètement ruiné et démoli. Exploré en 1877 par M. Chaplain-Duparc, sans rapport et sans résultat. Il existe une cupule à la table abattue. Ouverture indéterminable avec exactitude.

17. Rondossec, Parc er Roch' D., 722

Trois dolmens parallèles, à galerie, sous le même tertre. Le premier, à l'est, avec un cabinet latéral. Explorés en 1849 par M. Le Bail; ce sont les premiers dolmens où l'on ait trouvé de l'or : deux brassards en or, les extrémités repliées en agrafes, le milieu divisé en douze petites bandes. Rapport par extrait à la Société polymathique, 1857, pages 45 et 46. Résultats dans les collections de M. du Chatellier, à Kernuz (Finistère). Le groupe des dolmens de Ron dossec a été acquis par l'Etat et restauré. Ouverture au sud-sud-est.

18. Runesto, er Roch' F., 242

Dolmen acquis par l'Etat. Une seule table à la chambre. Exploré en 1867, sans résultats, par la Société polymathique. Rapport à la même Société par M. de Closmadeuc, 1867, page 92. Deux haches provenant de fouilles antérieures, particulièrement en chloromélanite et en fibrolite sont dans les collections de M. du Chatellier à Kernuz (Finistère). Ouverture à l'est-sud-est.

19. Kergavat, er Roch' D., 163

Dolmen dont la galerie a été bouleversée et détruite en partie lors de la création de la route de Plouharnel à Carnac. Acquis et restauré par l'Etat. Exploré en 1877 par M. Chaplain-Duparc, sans rapport. Il y a des cupules sur deux parois; une seule table. Ouverture au sud-sud-ouest.

20. Plouharnel D., 54

Menhir renversé. Sur le plateau où il est situé, M. Gaillard a pratiqué des fouilles et a retrouvé la place d'un dolmen; il y recueillit notamment de la callaïs. Rapport à la Société polymathique, 1890, pages 8 à 10. Résultats dans les collections de M. Gaillard.

21. Keroch' E., 474

Dolmen dont la table repose d'un côté sur le sol et de l'autre sur un support. Exploré en 1867 par la Société polymathique, sans résultat. Rapport à la même Société par M. de Closmadeuc, 1867, page 92. Les haches provenant de fouilles antérieures sont dans les collections de M. Gaillard. Ouverture à l'est. Altitude à la carte d'état-major, 16 mètres.

22. Kernehué, er Roheu G., 353

Dolmen démoli, bordant le chemin à l'ouest du village, sans aucune relation de fouilles. Ouverture indéterminable avec exactitude.

23. Kernehué, Roheu Bihan B., 467

Dolmen démoli comme le précédent dont il est à proximité, bordant un chemin à l'ouest du village; sans aucune relation de fouilles. Ouverture indéterminable avec exactitude.

24. Kergonan F., 74

Dolmen dans une clôture, démoli et ruiné; il ne reste que la table et quelques supports renversés. Sans rapport de fouilles ni résultats connus. Ouverture indéterminable avec exactitude.

25. Kerogil, Lann Kerogil F., 33

En dehors de Kergonan, à l'est, à une dizaine de mètres environ, ruines d'un dolmen à galerie, dont il ne subsiste que quelques parois de la chambre et de la galerie; sans aucun rapport de fouilles ni résultats connus. Ouverture au sud.

SAINT-PIERRE

1. Thinic. Inistilleuc. (non cadastré)

Ilot entamé par la mer, contenant vingt-sept coffres de pierres avec de nombreux squelettes. Exploré en août 1883 par M. Gaillard. Rapport à la Société d'anthropologie, 3 janvier 1884, pages 12 à 17, et à la Société polymathique, 1883, page 231. Les carriers ont tout détruit dans l'îlot. Résultats dans les collections de M. Gaillard.

2. Portivy, er Fouseu B., 996

Coffre de pierres sur le bord de la mer, aujourd'hui ruiné et démoli. Exploré en 1883 par M. Gaillard. Rapport à la Société d'anthropologie, 1883, pages 459 à 462, et à la Société polymathique, 1883, page 76. Résultats dans les collections de M. Gaillard.

3. Renaron, er Mané B., 837

Dolmen ruiné au centre du village. Aucune relation de fouilles ; résultats inconnus. Ouverture indéterminable avec exactitude.

4. Portivy, Port-Blanc B., 996

Deux dolmens à galerie, parallèles, sur le même tertre, recouverts jusqu'aux tables. Acquis par l'Etat ; situés sur le bord d'un escarpement de vingt mètres de hauteur. Explorés en mars 1883 par M. Gaillard pour le compte de l'Etat ; ils renfermaient de nombreux squelettes en des couches superposées. Rapport à la Société d'anthropologie, 3 avril 1883, pages 292 à 312, et à la Société polymathique, 1883, pages 6 à 19. Résultats à l'anthropologie et au musée de Saint-Germain. Ouverture au sud-est.

5. Portivy, Beg Port-Blanc B., 996

Dolmen aujourd'hui ruiné par une carrière. Exploré par M. l'abbé Collet, sans rapport et résultats disséminés. Ouverture indéterminable avec exactitude.

6. Beker noz E., 121

Dolmen ruiné et démoli. Exploré sans rapport par divers, bouleversé par les carriers. Ouverture indéterminable avec exactitude.

7. Beker noz E., 121

Coffre de pierres à proximité du dolmen et complètement détruit. Exploration en 1865 de MM. les docteurs de Closmadeuc et Gressy. Crâne, ossements et vase entier. Rapport à la Société polymathique par M. de Closmadeuc, 1865, pages 39 à 46. Etudé sur le crâne, par Broca, pages 47 à 49. Résultats au musée de le Société polymathique.

8. Roch enn Aud B., commun, sans numéro.
limotrophe au n° 105.

Dolmen à galerie, au centre du village. Acquis et restauré par l'Etat ; ce dolmen a sa chambre d'une superficie, dans œuvre, de plus de seize mètres carrés. Exploré en 1877 par MM. Chaplain-

Duparc et Gaillard. Rapport à la Société d'anthropologie sur la restauration, 1889, page 125. Ouverture au sud-est.

9. Saint-Pierre. Alignements C., 534, 551, 552, 768 et 769

Alignements de menhirs acquis et restaurés par l'Etat, précédés d'un cromlech latéral, c'est-à-dire qui n'est pas dans l'axe des avenues, mais à côté, au sud. Les alignements comptent actuellement cinq rangées de menhirs, au nombre total de vingt-trois ; ils vont se perdre à la mer. Le cromlech compte vingt-quatre menhirs. Ce monument, qui fait partie des plus étendus de l'époque néolithique et de ceux à ciel ouvert, n'a jamais été défini scientifiquement jusqu'ici. Le deuxième menhir de la deuxième rangée a une cupule. Plusieurs de ces menhirs sont des pierres moutonnées par l'action des eaux. Les alignements se dirigent vers l'est-sud-est, exactement au 105° degré de la boussole. Altitude à la carte d'état-major, 16 mètres.

QUIBERON

1. Kerniscob, Hibelleu F., 1

Dolmen ruiné et détruit qui était sous tumulus. Exploré par M. l'abbé Collet. Rapport à la Société polymathique par M. de Closmadeuc, 1868, pages 173 et 174. Résultats au musée de la Société polymathique. Ouverture indéterminable avec exactitude

2. Kerniscob F., 1

Grand coffre de pierres sous tumulus, entièrement ruiné, à proximité du dolmen précédent. Exploré en 1889, sans rapport par M. de Lagrange. Résultats dans ses collections à Laval.

3. Beg er Goalennec I., 28

Tumulus à dolmen en ruines. Exploré par M. l'abbé Lavenot, sans rapport ni résultats. Revu en 1888 par M. Gaillard qui y a mis à jour, environnant le côté nord du dolmen, à la même profondeur et sous le même tumulus, trois coffres de pierres. Rapport à la Société polymathique, 1890, pages 61 à 70. Ouverture à l'est, sud-est. Altitude à la carte d'état-major, 19 mètres.

4. Beg er Goalennec I., 28

Atelier de silex et de pierre polie, exploré en septembre 1884 par M. Gaillard. Avec le squelette de l'ouvrier se trouvaient haches, pointes de flèche, grains de collier, poterie, toutes variétés d'instruments en silex, etc. Rapport au Congrès de l'Association française pour l'Avancement des sciences. Grenoble, 1885. Résultats dans les collections de M. Gaillard.

5. Beg er Goalennec I., 28

Trois menhirs renversés et espacés dont l'un mesure environ six mètres. Explorés par M. l'abbé Collet, sans rapport ni résultats connus.

6. Manémeur I., 558

Menhir debout, acquis par l'Etat. Exploré par M. l'abbé Collet, sans rapport ni résultats connus.

7. Manémeur I., commun, sans numéro
Limitrophe au n° 489

Dolmen démoli, au coin d'un chemin du village et dont il ne reste que quelques supports. Exploré par M. l'abbé Le Poder, sans rapport ni résultats connus. Ouverture indéterminable avec exactitude. Altitude du Manémeur à la carte d'état-major, 23 mètres.

8. Manémeur I., commun, sans numéro
Limitrophe au n° 489

Dolmen eu ruines, à galerie, dont il ne reste que des supports ; situé dans le village. Exploré par M. l'abbé Le Poder, sans rapport ni résultats connus. Ouverture au sud-est.

9. Manémeur I., commun, sans numéro
Limitrophe au° n 702

Menhir renversé, à proximité des deux monuments précédents et qui semble, ainsi qu'il a été remarqué souvent, en avoir été l'indicateur.

10. Beg er Vill K., 911

Trois coffres de pierres mis à jour par un défrichement. Rapport à la Société polymathique par M. de Closmadeuc, 1886, pages 3 à 17. Résultats en partie au musée de la Société polymathique.

Sept coffres de pierres, précédemment mis à jour en défrichant.
Rapport à la Société polymathique par M. de Closmadeuc, 1868,
pages 9 à 16, sans résultats.

11. Beg er Vill K., 911

Menhir à trois cents mètres environ de l'endroit où furent dé-
couverts des coffres de pierres. Il est abattu ; il a des cupules.

12. Roch' Priol K., 597

Menhir renversé, mis à jour dans une carrière en 1889. Longueur
six mètres vingt. Indicateur probablement du dolmen enfoui dans
une prairie à quatre-vingts mètres environ et exploré en octobre
1891. Il contenait de la jadéite. Rapport par M. Gaillard à la
Société d'anthropologie, décembre 1891. Ouverture au sud-est.

13. Conguel. Goulvarch' K., 911

Menhir debout, isolé, exploré par Miln, sans résultats. C'est l'indicateur de la sépulture suivante. Dolmen à galerie, dont la paroi
à l'est est formée par une seule roche. Exploré en juillet 1891 par
MM. de Lagrange et Gaillard ; il contenait deux couches de sépultures, séparées par dallage, les débris de cinq sujets inhumés dans
la chambre et deux dans la galerie. Il y a été recueilli dix grains
de collier, deux haches, des silex, onze vases dont quatre orne-
mentés; l'un d'eux avec dessin des sculptures de Gavr'inis. Rapport
par M. Gaillard à la Société d'anthropologie en octobre 1891.
Résultats dans les collections de M. de Lagrange à Laval. Ouverture
au nord-est.

14. Saint-Julien, er men Guen G., 394

Menhir de quatre mètres de long sur deux de large, renversé.
Exploré, sans résultats connus, à diverses reprises. Il se trouve situé
entre le passage à niveau de la ligne ferrée et le fort Saint-Julien ;
ce dernier a été construit sur une hauteur qui portait au cadastre
à la section G, le n° 389 et le nom de Locmaria. Il dut y
exister autrefois un dolmen remarquable et dont ce menhir fut
l'indicateur. En construisant le fort et en remuant les terres, outre
les nombreux silex et percuteurs qu'on y mit à jour avec des débris
de charbon et des pierres chauffées qui accompagnent toujours ces
sépultures, on y a recueilli quatre disques en serpentine. Deux
furent brisés et dispersés par les ouvriers, mais les deux autres
sont au musée de Saint-Germain.

OBSERVATIONS GÉNÉRALES

On peut considérer, par les monuments très variés que contient le canton de Quiberon, qu'ils y représentent, par l'ensemble, deux genres différents :

1° Les monuments recouverts ou tout au moins environnés de galgal, s'ils ne sont sous tumulus ; ce sont les sépultures réelles, les dolmens ;

2° Les monuments à ciel ouvert, qui furent toujours ainsi, qui n'avaient de raison d'être que par cette disposition, puisque la perspective d'ensemble leur était nécessaire ; tels sont les alignements, les enceintes et les menhirs isolés qui se rencontrent dispersés, mais à peu près toujours à proximité d'un ou de plusieurs dolmens. On en peut conclure que les monuments à ciel ouvert ne furent pas des sépultures, par cette raison que les dolmens, tombeaux véritables, ainsi que l'ont démontré de nombreuses fouilles éxécutées, ne se trouvent en aucun cas et n'existent nullement dans les avenues des alignements, tandis qu'ils sont nombreux, disséminés et même assez rapprochés des lignes. Ainsi le Grah'trimen au Ménec, Kermario et Kerlescan, où le long barrow clôture le cromlech sur le côté nord. Les enceintes ne contiennent pas non plus de sépultures.

Cette division des monuments mégalithiques en deux genres, ceux recouverts et ceux à ciel ouvert, se trouve, au surplus, bien plus accentuée par l'état actuel des définitions scientifiques. En effet, les études faites jusqu'ici ont fourni la définition exacte des premiers, les dolmens, tandis qu'on ignore profondément ce que furent les autres et leur destination.

Peu de dolmens sont entièrement au-dessus du sol et ils sont rares ; le vrai type de cette forme est celui de Crucuno à Plouharnel et il faut remarquer que, se trouvant à l'intérieur du village, la construction de celui-ci suffit à expliquer son dégagement complet. Au Roch'ennaud, à Saint-Pierre et au Renaron à Portivy se trouvent encore des types s'en rapprochant, mais ils démontrent, par leur situation au milieu des villages, que la véritable cause de leur dégagement est bien la même.

Sous le rapport de la construction, de la forme, les dolmens représentent, dans le canton de Quiberon, les variétés les plus grandes ; il y en a avec ou sans galerie, avec ou sans cabinets latéraux, isolés ou groupés sur le même tertre. Comme disposition générale, on peut noter qu'ils ouvrent tous au soleil levant, c'est-à-dire dans un arc de cercle qui va d'un solstice à l'autre. Il y a même ceci à remarquer, que s'il y en a qui dépassent le solstice d'hiver quelque peu, il n'y en a aucun qui dépasse le solstice d'été ; ce qui paraîtrait conforme à la variation séculaire qui résulte de l'obliquité de l'écliptique. Une seule exception existe et il faut la signaler. c'est à Plouharnel ; le n° 11 du Mané Remor ouvre à l'ouest. Ceux des dolmens qui, dans le texte explicatif, portent la mention : ouverture indéterminable, ont eu parfaitement celle-ci, dans l'horizon d'un solstice à l'autre, mais dans leur état de ruines il eût été impossible d'en indiquer le degré avec précision. Ils ne font donc pas exception à cette observation.

Les alignements, avec des inflexions variables, se dirigent vers le soleil levant.

Il semble donc évident que les dolmens ne sont pas comme l'ont écrit de nombreux auteurs, des sépultures de champs de batailles, car ils eussent été érigés simultanément et orientés vers le même point de l'horizon au lieu d'un horizon variable entre les deux solstices, et que les alignements ne sont nullement des trophées élevés au milieu de ces sépultures. Si l'orientation des dolmens varie, en effet, d'un solstice à l'autre, c'est qu'il est ainsi démontré qu'ils furent successivement construits et ouverts au soleil levant de leur époque d'érection.

Ils présentent cette particularité encore inexpliquée quant au mode d'exécution et de signification, de sculptures intérieures qu'on qualifie de lapidaires. Il est à remarquer que ces dolmens, à parois ou tables sculptées, se rencontrent sur le littoral seulement.

Déjà plusieurs dolmens ont quelques cupules : à Plouharnel, Lenay et Kergavat, à Carnac, Klud er yer et Saint-Michel. A Saint-Pierre, un menhir des alignements en possède une. On verra plus tard à Erdeven, dans les alignements, le type réel du menhir à cupules, comme Locmariaquer nous fournira le typele plus achevé du dolmen à cupules.

Il existe dans le canton de Quiberon deux dolmens à sculptures lapidaires : le troisième du Mané Kérioned qui, par le nombre et l'importance des dessins, se classe immédiatement après l'incomparable dolmen de Gavr'inis, et ensuite celui de Kercado, tous deux à Carnac.

L'examen des matériaux qui composent ces monuments offre la preuve incontestable qu'ils furent pris et choisis sur les lieux mêmes ou tout au moins peu éloignés. En effet, il est bon de noter d'abord comme thèse générale que le pays est essentiellement granitique ;

les matériaux durent donc abonder. Mais tout particulièrement il faut constater dans les alignements l'emploi de nombreux blocs moutonnés par les eaux ; on ne peut en douter puisqu'à Kerlescan aussi bien qu'à Kermario, au Menec et à Saint-Pierre on remarque des menhirs de cette forme qui ont été et sont toujours debout, dans leur primitive position. Ces blocs ont donc dû être empruntés aux vallons creusés par les eaux et où celles-ci, en désagrégeant les terres, avaient mis ces masses en relief.

Dans les dolmens, quand on se transporte sur le littoral, principalement à Quiberon, on trouve des parois qui ne sont que d'énormes galets de granit ou rochers roulés par la mer; tels sont plusieurs supports du Port-Blanc, de Roch'enn and, etc. Il y a même une observation caractéristique à faire, c'est que dans la presqu'île de Quiberon toutes les carrières sans exception ne donnent du granit que par couches lamellaires peu épaisses et au surplus facilement reconnaissables; or, dans la plupart des dolmens de Quiberon, les supports sont de cette même matière et de cette faible épaisseur : le Conguel, le Manémeur, etc.

En ce qui concerne les matières recueillies dans ces sépultures, l y a encore des observations à noter et à signaler. Ces matières sont très variées pour les haches et il n'en saurait rien résulter ; mais il en est tout autrement d'objets aussi exceptionnels que leur matière. Ainsi sur tous les dolmens du canton de Quiberon, quatre seulement ont donné de l'or ou des parcelles d'or ouvré ; ce sont, à Plouharnel, Rondossec, à Carnac, le Grah'tri men et Kerlagade, et à la Trinité, Kermarker.

La matière qui a donné lieu à de nombreuses et savantes dissertations, dont on a démontré que l'origine est de l'extrême Orient, dont la mystérieuse présence dans ces sépultures est une question de plus à résoudre, la callaïs, s'est rencontrée dans bien des dolmens et dans quelques-uns en quantité extraordinaire. Eh bien, il résulte de ces observations que la callaïs n'existe et n'a été recueillie que dans les dolmens du littoral, dans ceux qui sont à proximité de la mer; tandis qu'à l'intérieur, sans s'éloigner beaucoup, cette matière n'existe plus. Les dolmens les plus éloignés de la côte à Carnac qui ont donné de la callaïs, sont ceux de Keriaval, Klud er yer et Lann Poudèque ; tandis qu'on en retrouve, comme on le verra par la suite de ce travail, sur le littoral de Locmariaquer et au delà (Tumiac), et plus loin qu'Erdeven (Beg-en-Hâvre en Plouhinec).

En même temps que se rencontre la callaïs, il faut remarquer aussi la dimension extraordinaire, tant des parois que des tables des dolmens ; il ne s'y est pas trouvé de parois en maçonnerie sèche ; ce sont toujours des blocs de grand volume, et c'est ce qui peut faire considérer ces monuments, dans leur ensemble, comme les plus grands mégalithes.

En ce qui concerne les objets que contiennent les dolmens, les haches seules ont attiré l'attention et fixé la crédulité des populations. Elles ne sont connues que sous le nom de : *mein gurun* (pierre de tonnerre), et, dans la croyance générale, ont la vertu de protéger leur possesseur de la foudre. Aussi ces talismans sont-ils souvent maçonnés au-dessus du foyer de la cheminée. En d'autres cas, on les garde soigneusement, y attachant une valeur aussi mystérieuse qu'on la croit efficace. Ce motif est l'un des plus puissants qui font la rareté de ces objets et leur haut prix.

Il n'existe aucune légende dans le pays au sujet des dolmens, rien qui puisse jeter une lueur quelconque sur leur origine. Ou ils sont désignés par une vague appellation, *er roch'* (le rocher), ou leur nom sans signification est précédé de l'appellation *mané, grah' cruc* ou *run* (montagne, butte, hauteur ou éminence). Quelquefois ceux-ci sont eux-mêmes qualifiés de *bras*, ou de *bihan* (grand ou petit) ; mais il n'y a là aucun fond de légende. En général, la croyance populaire est que ces dolmens sont des tombeaux de César et qu'ils renferment des trésors. Il n'est pas douteux que cette conviction a causé la majeure partie des destructions opérées ; aujourd'hui encore c'est un obstacle à la liberté des fouilles.

Les alignements de menhirs, principalement ceux de Carnac, comportent une légende qui prend naissance au premier temps du christianisme. On raconte que saint Corneille, poursuivi par les soldats de César et acculé à la mer, les changea en pierres, d'où la position alignée des menhirs. Cette fable a déjà beaucoup perdu dans l'esprit des populations et est appelée à disparaître.

La croyance populaire comme la légende laisse donc l'origine de ces monuments dans leur nuit préhistorique, car la tradition ainsi créée ne dépasse pas l'occupation romaine.

Toutes les observations générales qui précèdent sont communes et applicables à toute la région du canton de Quiberon, comprise dans cet exposé complet et sans une erreur ou omission à la *date* actuelle.

Janvier 1892.

DEUXIÈME PARTIE

LE CANTON DE BELZ

PLOEMEL

1. Kercret ihuel A., 702. Mané Bihan

Dolmen détruit dont les débris sont enfouis en désordre sur cette éminence. Exploré par M. l'abbé Collet, sans relation ni résultats connus.

2. Kergonvo A., 800. Mané bras

Ruines d'un dolmen sur le point culminant et dont il est impossible de déterminer exactement la forme et l'ouverture. Exploré par M. l'abbé Collet, sans relation ni résultats connus.

3. Kergonvo A., 800. Mané bras

Sur la mème hauteur et sur le côté ouest, trois dolmens parallèles, à galerie, sans tables, enfouis au-dessous du sol. L'un d'eux a sa chambre circulaire. Explorés infructueusement en 1887 par M. Gaillard. Ouverture au sud-est. Altitude à la carte d'état major, 41 mètres.

4. Saint-Cado G., 550. Er roch'hir

A trois cents mètres environ du village de Saint-Cado, menhir isolé de cinq mètres de hauteur sur deux mètres vingt centimètre de largeur et un mètre vingt d'épaisseur. Debout au milieu de champs cultivés.

5. Saint-Cado G., 529. Toul er bazén

A environ sept cents mètres à l'est de ce menhir, débris d'un dolmen entièrement détruit et bouleversé. Les pierres sont entassées et recouvertes de végétation d'épines. Ni la forme, ni l'ouverture n'en sont définissables.

6. Kermarquer H., 1136. Mané Boga

Sur la hauteur, à proximité du village, ruines d'un dolmen à galerie et dont il ne subsiste que huit supports de la chambre circulaire et sept de la galerie. Diamètre intérieur de la chambre, trois mètres quatre-vingts centimètres; longueur de la galerie, cinq mètres. Exploré par M. l'abbé Collet, qui y recueillit des vases apodes et des silex.

Rapport à la Société polymathique, 1871, page 49. Les objets recueillis ont été dispersés. Ouverture au sud. Altitude à la carte d'état major, 28 mètres.

7. Palivarch'F., 515

Dans le village même et dans un repaire, menhir renversé de trois mètres sur un mètre de largeur.

8. Saint-Laurent F., 958. Mané er varqués

Ruines d'un dolmen, deux supports et la table renversés ; cette dernière mesure deux mètres quatre-vingts sur deux mètres vingt centimètres. La forme du monument et son ouverture ne sont pas définissables avec exactitude. Aucune relation de fouilles.

LOCOAL-MENDON

1. Le Clef M., 723. Mané er loh'

Sur le point culminant de la hauteur à l'est de la route de Mendon, vaste dolmen à galerie, en ruines. La chambre circulaire mesure 3 mètres 50 de diamètre à l'intérieur. Il subsiste la table de la chambre, énorme pierre de 4 mètres sur trois; trois autres tables de la galerie sont en place et vingt-deux supports. Ouverture au sud.

A côté et à deux mètres au nord subsistent encore trois supports debout qui appartiennent à un autre dolmen détruit. La situation de ces supports indique l'ouverture au sud-sud-est.

A douze mètres, ouest-nord-ouest, existait un coffre de pierres qui fut exploré en 1887 par M. Gaillard, qui n'y recueillit que des fragments de poterie dolménique. Ce coffre, à proximité d'une carrière, a été bouleverse.

2. Le Clef M., 720. Mané er loh'

A 350 mètres sud-ouest du précédent monument et sur une seconde hauteur, ruines d'un vaste dolmen qui dut être aussi remarquable par sa dimension que par sa forme. Il put avoir des cabinets latéraux ; mais, par ce qui reste de supports debout et de tables en place ou effondrées, on peut en conclure que, de la chambre du fond à l'entrée, la galerie formait une demi-circonférence dont le diamètre est de onze mètres. Le développement total, de la chambre à l'entrée, est de dix-sept mètres. Il reste encore deux tables en p'ace et cinq autres renversées, puis cinq supports. Ouverture au sud.

Les dolmens du Mané er loh' ont été explorés par M. Lukis en 1867, sans rapport en France ni résultats connus.

Ces monuments méritaient d'être acquis par l'Etat. Restaurés, ils eussent rivalisé avec les grands mégalithes de Locmariaquer et donné des formes toutes différentes et nouvelles.

BELZ

1. Kernours C., 401. Lann er roch', Roch'ler

Mémoire. — Il a existé à la place qu'occupe actuellement le moulin à vent de Kernours un grand dolmen à galerie, dont les pierres et les débris ont contribué à la construction du moulin.

2. Kervoine C., 1177. Lann Kerber

A 300 mètres nord de la route de Belz à Auray et vis-à-vis le village de Crubelz, M. Gaillard a retrouvé le 5 septembre 1889 la place d'un dolmen détruit sur un plateau élevé. Il y recueillit plusieurs vases et des silex. Rapport à la Société polymathique 1890 pages 11 à 13. Résultats dans les collections de M. Gaillard.

3. Crubelz D., 123. Er rune

Mémoire. -- Dans le village même de Crubelz a existé un tumulus à dolmen, aujourd'hui détruit, rasé et nivelé, dont les débris contribuèrent à la construction d'une maison voisine. Mais ce tumulus et ce dolmen ont été explorés en 1864 par la Société polymathique, et le rapport par M. de Closmadeuc existe dans ses bulletins aux pages 6 à 14, 1864. Résultats au musée à Vannes. L'ouverture du dolmen était à l'est.

4. Kerclément D., 668. Er roch'

A l'ouest du village, environ cent mètres, ruines d'un dolmen dont il ne subsiste que la table de la galerie reposant sur quatre supports; la chambre est totalement détruite. Exploré en 1878 par M. Chaplain-Duparc, sans aucun rapport écrit. Il y recueillit particulièrement une sorte de spirale en or à trois tours. Ouverture à l'est-sud-est.

5. Keryargon D., 899. Er mané

Dans la cour de la ferme, ruines d'un grand dolmen à galerie et avec un cabinet latéral à l'est-nord-est. Il en subsiste la table de la chambre et neuf supports debout, tant de la chambre que de la galerie et du cabinet latéral.

Il existe au fond un support renversé enfoui, et au sud du cabinet une large pierre enfouie qui put en être la table.

Ce dolmen a été exploré à diverses reprises, sans qu'il en existe ou tradition ou rapport. Ouverture au sud-sud-est. Altitude à la carte d'état-major, 20 mètres.

6. Velionec E., 718. Er menhir

A l'extrémité de champs cultivés et dans les environs de Kerdonnerch', menhir debout, isolé, de 3 mètres 60 de hauteur et 1 mètre 80 en largeur.

7. Kerdonnerch' E., 895. Roch' Perhel

Mémoire. — A une centaine de mètres à l'est du village a existé un dolmen qui a été totalement détruit, les débris employés à la construction d'une maison voisine et le terrain nivelé. Ce dolmen fut exploré en 1878 par M. Chaplain-Duparc, sans rapport ni résultats connus.

8. Kerlutu E., 424. Er Pouleu

A 250 mètres du croisement des routes d'Etel et d'Erdeven et à 25 nord de celle de Belz, ruines d'un dolmen dont il ne reste que cinq supports, chambre et galerie, et une table de la galerie renversée. Exploré en 1877 infructueusement par M. Chaplain-Duparc, sans rapport. Ouverture au sud-sud-est.

9. Kerbrévost E., 13. Roch' er lann

A 200 mètres environ du bras de mer du Sach, sur une hauteur inculte de landes et à 25 mètres est-ouest l'un de l'autre, deux dolmens à galerie. Le premier, avec la table de la chambre et une autre effondrée à l'intérieur et sept supports. La superficie de la chambre, à l'intérieur, est de 3 mètres 60 sur 2 mètres 70.

Le deuxième, avec sa table effondrée en dedans et qui mesure 2 mètres 40 de diamètre ; elle est appuyée sur les supports du fond. La chambre mesure à l'intérieur 3 mètres 60 sur 4 mètres ; les supports en place et debout sont au nombre de dix.

Ces deux dolmens ont été explorés par divers, sans qu'on en connaisse les résultats ou un rapport quelconque. Ils ont tous les deux l'ouverture au sud-sud-est.

10. Kerlutu F., 856. Clermon-Roch'Clour

A une centaine de mètres à l'ouest de Kerlutu et sur un plateau inculte et rocheux, grand dolmen ruiné comportant encore une vaste table de la chambre; diamètre 4 mètres, reposant sur quatre supports debout et renversés. Exploré en 1877 par M. Chaplain-Duparc, sans résultats et sans rapport. Ouverture au sud-est.

11. Kerlutu F., 873. Mané er rune

A 200 mètres à l'ouest du précédent, ruines d'un dolmen dont il ne reste que deux supports debout. L'ouverture ne peut s'en définir avec exactitude. Exploré en 1877 par M. Chaplain-Duparc, sans résultats ni rapport,

Dans un champ à côté, environ 50 mètres, un menhir renversé et fragmenté.

12. Kerguéran A., 279. Er roch'

Au tournant du chemin de Kerguéran et au nord de Kerlourde, dolmen ruiné se composant encore de deux tables reposant sur deux supports. Il était à galerie et il en subsiste six supports debout. Exploré en 1877 par M. Chaplain-Duparc, sans résultats ni rapport connus. Ouverture au-sud-sud-est.

13. Saint-Cado A., 292. Nemor

Mémoire. — A l'est du chemin de Saint-Cado, à 150 mètres environ des maisons du village, existait un menhir isolé de 2 mètres 40. Il a été détruit et exploité par Joseph Maillot, carrier, en 1862 ; il y recueillit, à la base, deux bracelets en or pesant l'un 40 grammes et l'autre 43 grammes. Ces objets sont dans les collections de M. du Chatellier, à Kernuz (Finistère).

Joseph Maillot est mort en 1866, tué par un éclat de mine, mais son fils Thomas Maillot existe et habite toujours Saint-Cado.

14. Saint-Cado, non cadastré. Bocennic vras

Sur le bord du bras de mer, à la pointe la plus rapprochée du Moulin des Oies et sur la plage en dehors des terrains cadastrés, dans une petite éminence rocheuse que baigne et entoure la mer, ruines d'un grand dolmen à galerie et à chambre circulaire. Le diamètre intérieur de la chambre est de 4 mètres ; il ne reste que neuf supports de la chambre et six de la galerie. Exploré infructueusement en 1877 par M. Chaplain-Duparc, sans rapport connu. Ouverture à l'est-sud-est.

15. Kerruen B., 1034. Er mané

Tout à proximité du village et sur le tertre qui le précède, deux dolmens en ruines à 25 mètres l'un de l'autre, tous deux à galerie. Le premier n'a plus que six upports debout de la chambre et un de la galerie. Le second a encore la table de la chambre reposant sur six supports et quatre supports de la galerie, tous debout.

Explorés par divers, sans résultats ni rapport connus. Ouverture du premier à l'est-sud-est, du second au sud-est.

ETEL

1. Etel A., 723. Er Rogen

Ruines d'un dolmen dont on ne peut apprécier ni la forme, ni les dimensions ; il fut complètement bouleversé lors des fouilles faites sans qu'on en connaisse l'auteur ni les résultats, il y a fort longtemps. L'ouverture semble avoir été au sud-sud-est.

2. Etel A., 744 et 745. Roch'er Argant

Dolmen dont il ne subsiste que la table reposant sur trois supports. Ruiné et assurément fouillé depuis nombre d'années, sans relation ni résultats connus. Ouverture à l'est-sud-est.

3. Etel A., 759. Roch'er Crés

Dolmen en ruines, table renversée, sans relation de fouilles ni résultats connus. Ouverture au sud-sud-est.

Les défrichements et la mise en culture des terrains autour d'Etel

ont dû amener, avec leur nivellement, la destruction et la disparition complète de plusieurs dolmens, dont on ne peut indiquer ni
rechercher la place.

ERDEVEN

1. Kerihuel C., 45. Mané Lann

A l'extrême pointe nord-nord-ouest de la limite avec Belz et du
bras de mer du Sach, environ 50 mètres, à 200 mètres de Kérihuel,
ruines d'un dolmen dont il ne subsiste que trois supports debout
de la chambre. Exploré infructueusement en 1878 par M. Chaplain-
Duparc. L'ouverture n'en est pas déterminable avec exactitude.

2. Sept-Saints C., 182. Run er Liuzen

Au sud-ouest du village des Sépt-Saints et 200 mètres environ,
deux dolmens ruinés : l'un ayant la table de la chambre et deux
supports, l'autre quatre supports et une table de la galerie. Tous
deux sur le même tertre, parallèles et à galerie.

Explorés en dernier lieu en 1877 par M. Chaplain-Duparc, sans
rapport ni résultats connus. Ouverture à l'est.

3. Kerjosselin C., 786. Er roch'

A l'ouest-sud-ouest du village, à 400 mètres environ, dolmen en
ruines ; la table est affaissée à l'intérieur sur des supports renversés ;
deux supports du fond sont encore debout. Aucun rapport de
fouilles n'en existe. Ouverture à l'est-nord-est.

4. Kervarch' C., 602. — Lann er Roch'

Mémoire.—Dolmen complètement détruit, le propriétaire en ayant
fait opérer l'entière destruction et ayant nivelé le terrain ; il n'est
signalé que par les notes et plans pris antérieurement. Il était à
galerie et avait trois cabinets latéraux sur chaque côté et le fond
de la chambre qui occupait le centre. Cette sépulture présentait
donc une forme symétrique ; la galerie avait 5 mètres de longueur ;
il y avait quatre tables et vingt-cinq supports.

Exploré à diverses reprises, en dernier lieu en 1877 par M. Chaplain-Duparc ; il y recueillit un marteau en serpentine qu'il possé-
dait dans ses collections au Mans. Aucun rapport n'en a paru.
L'ouverture était au sud.

5. Saint-Germain M., 561. Run bras

Au milieu d'une terre cultivée s'élève, tronquée tout autour par les emprunts qu'on y a faits, une éminence de plus de 2 mètres ; sa surface est approximativement de 256 mètres carrés ; avec la déclivité des terrains enlevés, on peut en évaluer au double la superficie primitive. Elle recouvre un dolmen sans galerie. Exploré en 1877 par M. Chaplain-Duparc qui y recueillit des pointes de flèche en silex et des parcelles d'or en agrafes. Aucun rapport n'en existe ; mais les objets signalés ont figuré en 1878 au Trocadéro, à l'Exposition, dans la vitrine de M. Chaplain-Duparc. L'ouverture du dolmen est invisible. Altitude à la carte d'état-major, 18 mètres

6. Kervasic K., 287. Runel

Tumulus exploré par M. Gaillard en avril 1887 ; il a 1 mètre 32 de haut et 12 mètres de diamètre. Entouré à sa base de menhirs au nombre de cinq ; restes d'un cromlech environnant la sépulture. Le dolmen que contenait primitivement ce tumulus avait été détruit depuis un temps très reculé et remplacé par une autre sépulture de forme plus moderne. Ce dut être une antique destruction du monument primitif.

7. Kervasic K., 405. Men guen

Menhir isolé, debout, d'une hauteur de 3 mètres 60 sur 1 mètre 70 à la base, situé à environ 250 mètres du tumulus précédent dont il put être l'indicateur.

8. Le Lango K., 227. Men plat

Menhir renversé, mesurant 4 mètres 70 de long sur 1 mètre 50 de largeur et 80 centimètres d'épaisseur.

9. Kerhillio I., 768. Gadouéric

Sur le bord de l'Océan et sur le haut d'une falaise de roches, dolmen affaissé et ruiné. Exploré en 1877 par M. Chaplain-Duparc qui y recueillit six haches, quelques grains de collier et un vase présentant la forme d'un biberon. Il n'en fit aucun rapport. Miln en a laissé une note dans ses mémoires : Société polymathique, pages 27 et 29, et Vannes, 1883, imprimerie Galles. Ouverture au sud-sud-ouest.

10. Kervasic K., 782. Men cam

Menhir isolé, 1 mètre 70 de hauteur, mais incliné, ce qui semble expliquer son appellation bretonne.

11. Le Narbon. K., 634 et 635. Men liesse

A environ 450 mètres ouest-nord-ouest du moulin du Narbon et même distance sud-ouest de Kervasic, ligne de menhirs dont quatre debout et sept renversés, orientés au sud-ouest. Un autre menhir debout, au coin d'un champ au nord-nord-ouest de l'extrémité sud et à environ 40 mètres, semblerait indiquer que ce sont les ruines d'une enceinte carrée. De nombreux blocs gisent aussi renversés en désordre ; les clôtures des champs en contiennent beaucoup qui durent provenir du monument. Ces ruines sont situées sur le haut d'un plateau inculte où émerge la roche de même nature.

12. Kerouriec K., 260. Lann er runal

Au coin d'un pré, existaient trois menhirs dont deux ont été détruits et il n'en reste qu'un de 1 mètre 60 de hauteur.

13. Kerouriec K., 169. Rocquévy

A 140 mètres avant Kerouriec et à 10 mètres de la route, pierre plate de 2 mètres 70 sur 2 mètres 40 et 35 centimètres d'épaisseur, reposant inclinée sur un bloc. Elle a assurément appartenu à un monument mégalithique et elle a la forme d'une table de dolmen. A quatre mètres vers la route existe encore une pierre debout de 80 centimètres, ayant pu appartenir au même monument. Exploré infructueusement en 1877 par M⋅ Chaplain-Duparc, sans aucune relation écrite.

14. Kerascouet N., 266 et 267. Mez er morh, menhirs Kerascouet

Groupe de menhirs dont il en existe deux debout et six renversés. Ils semblent se rapprocher des autres groupes signalés, dans la première partie, au Laz, à la Trinité et au Vieux-Moulin à Plouharnel. Ces groupes de menhirs, au surplus, sur lesquels nul n'a écrit, sont inexpliqués ; leur orientation est la même, nord et sud. Les deux menhirs debout ont 3 mètres 20 et 2 mètres 20, les autres une moyenne de 3 mètres 70 à 4 mètres. Aucune hauteur, aucune éminence n'apparaît à une assez grande distance ; seul le dolmen de Kerangre est à quelques centaines de mètres.

PLOUHINEC
MENDON
BRECH
MELL
PLOUHARNEL
CARNAC
OCÉAN
RIVIÈRE D'ÉTEL
CARTE
DES
MONUMENTS MÉGALITHIQUES
DU
CANTON DE BELZ
(MORBIHAN)
PAR
M. F. GAILLARD (de Plouharnel)

15. Kerangre N., 538. Er roch'

Dolmen complètement ruiné, au sud-sud-est du village et à 200 mètres environ ; il était à galerie. Exploré en 1877 par M. Chaplain-Duparc, sans rapport ni résultats connus. Ouverture à l'est-sud-est.

16. Kérédo F., 301. Trion

Au centre du village, dolmen ruiné dont il ne subsiste que trois supports recouverts par la table de la chambre. Il est encore environné de débris de la destruction et a dû servir aux constructions du village. La chambre est dallée d'une seule grande pierre. Aucun rapport de fouilles n'en existe. Ouverture à l'est-sud-est.

17. Saint-Sauveur F., 163 et 164. Er Run

Entre les villages de Kérédo et de Saint-Sauveur, bordant le sentier qui les relie, sur le plateau culminant d'une large éminence de terrain cultivé, se trouvent deux dolmens éloignés l'un de l'autre de 25 mètres.

Le premier est à galerie, ruiné, mais comportant encore onze supports et deux tables, celle de la chambre et une de la galerie. Les supports sont encore enfouis jusqu'à leur sommet.

Il existait à l'angle nord-est de la chambre, au niveau du terrain, une pierre plate, 1 mètre 40 sur un mètre, sous laquelle des fouilles ont dû être opérées. Cette pierre repose sur des assises horizontales ou gros galgal ; il n'y a aucune communication avec la chambre. Cette pierre est à 20 centimètres plus bas que le sommet des supports et à 80 centimètres au-dessous de la surface extérieure de la table ; ce ne fut donc pas un cabinet latéral. L'ouverture du dolmen est au sud-sud-est.

Le second borde le sentier ; il est beaucoup plus ruiné. La position de la table et des supports peut laisser conjecturer qu'il eut un cabinet latéral et une galerie. Ouverture au sud-sud-ouest

Aucun rapport de fouilles n'en existe. Altitude à la carte d'état-major, 32 mètres.

18. Bovelane F., 932. Lannec gouarch lenrion

A l'ouest du village et dans la lande, ruines d'un petit dolmen dont il ne subsiste que trois supports debout ; la superficie intérieure n'en est que de un mètre carré. Exploré sans résultats par

M. Chaplain-Duparc en 1877. Exploré de nouveau en 1883 par M. Gaillard qui y recueillit un plat existant dans ses collections. Rapport à la Société polymathique, 1883, pages 225 et 226. Ouverture indéterminable avec exactitude.

19. Le Puço, F., 1015. Lannec parqueu hir er neur

Sur la limite d'Érdeven et de Carnac et sur un tertre sous bois, quatre coffres de pierres avec un menhir, leur indicateur probablement. Explorés en 1883 par M. Gaillard. Rapport à la Société polymathique, 1883, pages 229 à 231.

20. Mané Groh' F., 632 et 633. Lann er groh'

Dolmen à galerie avec trois cabinets latéraux ; vingt-trois supports et sept tables. Acquis et restauré par l'État. Exploré par divers, spécialement par M. Lukis, sans rapport en France. Ouverture au sud-sud-est. Altitude à la carte d'état-major, 19 mètres.

A 40 mètres au nord, second dolmen sur le versant de l'excavation d'une carrière. Il n'en subsiste que deux supports debout et une table effondrée. Aucun rapport de fouilles n'en existe. L'ouverture est indéterminable.

Entre ces deux dolmens existe un cist ou grand coffre de pierres sans issue et fermé, exploré en 1883 par M. Gaillard. Rapport à la Société polymathique, 1883, pages 225 et 226.

21. F., 927 et 928. Parc Madeleine

Ruines d'une enceinte carrée dans le genre de celles de Crucuno et du Gohquer à Plouharnel. Il n'en subsiste que deux côtés, l'un à l'est et l'autre au sud. Tous les menhirs en sont renversés et sont appelés à disparaître par l'exploitation des carriers qui les détruisent journellement. Ces ruines d'enceinte sont à 200 mètres environ au sud-sud-est du Mané Groh'.

22. Mané Groh'F., 640. Lannfc er menhir F., 642. Lannec er Gadouer

Au nord-nord-est du Mané Groh', deux tertres de formes ovales, au milieu de la plaine, et qui semblent être de petits tumulus. Celui du sud est encore entouré, à sa base et à l'ouest, d'un reste d'enceinte ou cromlech composé de trois menhirs debout, et un renversé érigés à se toucher ; l'autre tumulus a aussi trois menhirs renversés à sa base.

Ces monticules n'ont jamais été explorés, et l'un deux se trouve désigné sur la carte d'état-major sous le nom de tumulus.

23. KERZHERO. ALIGNEMENTS O. et F., DIVERS NUMÉROS

Alignements de menhirs dont le nombre des rangées est actuellement de dix au commencement et de neuf à la fin. Il dut y en avoir un nombre bien plus grand, mais qui n'est pas exactement définissable à cause des bouleversements et des destructions opérées, tant au départ lors de la confection de la route de grande communication, n° 20, d'Hennebont à Quiberon qui les coupe en diagonale, que dans le reste de leur étendue. Les destructions principales ont eu lieu en outre au départ des alignements par le travers du Mané bras où ils s'infléchissent. Il y a aussi quelques sections complètement anéanties par des défrichements ou des nivellements de terrain.

Il n'y a pas de cromlech ; néanmoins, par la situation d'une ligne latérale de menhirs subsistant au nord-est du premier groupe et l'examen de ceux perpendiculaires aux parallèles des rangées, on pourrait croire que ce fut la corde de l'arc du cromlech disparu. C'est une conjecture pour laquelle on peut invoquer matériellement l'énorme volume de ces menhirs, les plus considérables du monument, et observer que la perpendiculaire à cette ligne latérale dans l'axe de la suite des alignements y aboutit. Il ne peut y avoir le plus petit doute sur les nombreuses destructions opérées dans ce monument ; il existe encore, disséminées tant à droite qu'à gauche de ce qui en subsiste, de nombreuses pierres enfouies qui sont assurément des menhirs renversés, ce qu'il est facile de constater en sondant le terrain autour.

Les alignements de Kerzhero furent, sans conteste, le plus considérable et le plus étendu des monuments de ce genre. Ils le sont encore aujourd'hui par le nombre des menhirs, malgré les destructions, ainsi que par leur développement. Ils comptent actuellement 1,030 menhirs et s'étendent sur 2,105 mètres.

Ils s'orientent vers l'est, avec quelques inflexions résultant peut-être aujourd'hui de la séparation des plateaux qui restent garnis ; au Mané bras ils s'infléchissent totalement vers le sud-est. Exactement, au départ à Kerzhero ils se dirigent au 88ᵉ degré de la boussole et au Mané bras au 125ᵉ degré. Avec les alignements du Ménec Vihan à la Trinité, c'est le deuxième système qui présente une variation bien déterminée de direction dans le cours du développement. Le premier s'infléchit du côté du nord, le second du côté du midi.

Les premiers menhirs des alignements de Kerzhero, au départ, sont assurément les plus énormes de tous les systèmes ; il faut y signaler, dans le côté latéral, le 7ᵉ et le 9ᵉ qui mesurent, l'un 6 mètres 60 et l'autre 6 mètres 40 de haut. Le sixième, qui n'a pas été relevé, cube environ 28 mètres cubes 800 décimètres cubes. Le menhir à l'extrémité nord-est a ceci de remarquable qu'il est incliné; il a 3 mètres 60 et a toujours été debout.

Il y a encore à signaler dans ce côté latéral un menhir renversé, le huitième, dont les cavités ont semblé confirmer l'erreur de certains auteurs sur les pierres à bassins. Il y existe, en effet, sur la surface deux cavités parallèles, et une troisième perpendiculaire dont la forme se rapproche de celle du corps humain avec des rigoles aux extrémités. Ce menhir a eu sa base exploitée par des carriers, c'est ce qui en a empêché le relèvement et ces cavités ont été formées bizarrement par l'action des eaux, probablement à l'endroit où fut pris cet énorme bloc. C'est la vérité qui est matériellement démontrée par le rapprochement du troisième menhir de la quatrième rangée de Kermario à Carnac, lequel présente sur le flanc, quoique ayant toujours été debout, d'aussi grandes cavités.

Un autre menhir exceptionnel et remarquable, celui-là, par le fait des constructeurs préhistoriques, est le quatrième de la huitième rangée et bordant la route. Il présente quatorze cupules, dont treize sur le côté à l'est et une sur celui du nord. Ceci est complètement inexpliqué comme les alignements eux-mêmes.

L'Etat a acquis et restauré une grande partie du commencement. Il a été fourni à la sous-commission des monuments mégalithiques par M. Gaillard, en juillet 1883, un rapport au sujet des travaux effectués. Vannes, 1884, imprimerie Galles, pages 9 à 15.

24. Kerzhero O., 898. Lann menhir

Menhir isolé, debout, à l'ouest-sud-ouest des alignements et à 600 mètres environ. Par sa forme à peu près régulière en largeur et en épaisseur, ce monolithe est très remarquable ; il semblerait situé comme ceux de Kerlescan ou ceux du Ménec à Kerderw et Kérifol.

Il mesure, hauteur 3 mètres 65, largeur à la base 1 mètre 10, au sommet 60 centimètres.

25. Mané bras F., 369. Lann mané bras

Ruines d'enceinte carrée sur le versant de la hauteur du Mané, du côté oriental, à 40 mètres des dolmens et à 20 mètres des alignements. Il n'en subsiste traces que de deux côtés et il n'existe que huit menhirs debout et cinq renversés. Ces menhirs étaient érigés à se toucher et en enceinte fermée, contrairement à celle de Cræuno ; ceci est démontré par les menhirs debout et la position de ceux renversés.

Ainsi que les alignements voisins, cette enceinte fait partie des monuments encore inexpliqués.

26. Mané bras

Sur cette hauteur, qui domine tous les terrains environnants et dont l'altitude à la carte d'état-major est de 29 mètres, il existe quatre dolmens en ruines, espacés l'un de l'autre.

F., 360. Lann mané bras

1° Dolmen à galerie, chambre circulaire, huit supports, pas de table. Ouverture sur le côté et au sud-ouest.

F., 360. Lann mané bras

2° Dolmen à galerie au nord-ouest du précédent, à trois mètres ; sept supports et une table. Il est au-dessous du sol. Ouverture au sud-ouest.

F., 360. Lann mané bras

3° Dolmen à galerie, treize supports et deux tables. Ouverture au sud-sud-ouest.

F., 364 et 369. Lann mané bras

4° Dolmen bouleversé et qui fut considérable, à galerie avec deux cabinets latéraux. Dix-neuf supports et cinq tables. Ouverture au sud-sud-ouest.

C'est sur le flanc sud du Mané que passent les alignements de Kerzerho et qu'ils s'infléchissent.

Les dolmens du Mané bras ont été explorés à diverses reprises : en dernier lieu par M. Lukis, puis par M. Chaplain-Duparc en 1877, sans aucun rapport de fouilles.

27. Erdeven O., 398. Ty er mané. er roch

A 400 mètres est-sud-est du bourg d'Erdeven et à proximité d'un moulin, dolmen en ruines, trois supports et la table de la chambre ; son dallage est d'une seule grande pierre. Exploré à diverses reprises, sans aucun rapport ni résultats connus. Ouverture au sud-sud-est. Altitude à la carte d'état-major, 21 mètres.

Il existe à Erdeven plusieurs groupes ou agglomérations de menhirs renversés en désordre, enfouis ou dissimulés dans les ajoncs, et qu'on ne peut ni définir, ni qualifier avant qu'ils ne soient ou dégagés, ou explorés ; notamment entre Kérédo et Kerbihouarde vers l'ouest, Bovelane à l'ouest, et même village au sud-ouest.

OBSERVATIONS GÉNÉRALES

Les destructions signalées comme mémoire dans le canton de Belz ne remontent pas fort loin ; les monuments anéantis ont été vus en place par l'auteur, c'est-à-dire que leur destruction ne dépasse pas une trentaine d'années.

Tout ce qui a été dit dans la première partie de cet inventaire, le canton de Quiberon, sur l'orientation de l'ouverture des dolmens, trouve ici sa confirmation sans aucune exception ; nous le verrons également démontré dans la troisième partie.

Tous les terrains contenant ou des dolmens ou des menhirs présentent aussi des roches de même nature, du même granit que tous ces monuments ; mais ce qu'il y a à observer spécialement c'est l'ensemble des alignements de menhirs, c'est ce qu'ont donné les dolmens.

Il n'existe pas d'autres alignements, du moins en grandes pierres, au-delà du canton de Belz, si ce n'est vers l'ouest sur le littoral de Plouhinec où il existe encore une série de menhirs qui, assurément, formèrent autrefois un système d'alignements, mais dont il est difficile de reconstituer les avenues ni d'indiquer l'étendue. Toutefois, il est bon de noter que la situation des pierres en indique encore une orientation comme celle des autres. Quoique ces ruines d'alignements ne puissent être comprises dans cet inventaire qui ne dépasse pas la rivière d'Etel, on peut apprécier l'ensemble de tous ceux qui ont été signalés.

On ne peut évidemment entrer dans de trop longs aperçus, ni approfondir les détails ; les alignements qui n'ont jamais été expliqués ou définis, exigeraient une étude particulière qui n'a pas encore été produite. Mais leur situation sur la carte générale du pays permet d'affirmer qu'ils n'eurent aucune convergence entre eux ou vers un point déterminé. Ils existent par zones séparées, du nord au sud ; ils ne contiennent, dans leurs avenues, aucune sépulture et au contraire les tombeaux ou dolmens sont situés entre chaque système, dans l'espace qui sépare les étendues qu'ils couvrent. Les alignements de Plouhinec qui se trouvent dans une zone plus éloignée que celle de Kerzhero en Erdeven et plus au nord, confirment eux-mêmes cette observation. C'est tout ce qu'on peut en dire ici.

Les dolmens, par leur nombre et leur situation, démontrent bien que plus on s'éloigne du littoral, plus ils deviennent rares et clairs semés. Le nord du canton de Belz s'éloigne de l'Océan ; aussi faut-il observer qu'à Locoal-Mendon les derniers dolmens sont ceux de Mané er loh' et à Plœmel ceux de Kergonvo et de Kermarquer. Au delà, il n'en existe plus, comme il n'y a plus d'alignements, ni de menhirs isolés.

Ce qu'on a recueilli dans les fouilles faites ne laisse plus constater de callaïs. S'il en fut retrouvé par M. Gaillard à Plouhinec, au dolmen de Beg-en-Havre, il faut ajouter que ce monument est tout près de l'Océan. Nous verrons reparaître la callaïs dans la troisième partie, même en quantité considérable, parce qu'il faut observer que Saint-Philibert ou Locmariaquer, qui y sont compris, couvrent tout le littoral de l'Océan, de la rivière de la Trinité à celle de Locmariaquer.

Une autre matière précieuse, l'or, s'est retrouvé dans plusieurs dolmens du canton de Belz, soit à Erdeven, soit à Belz.

Plouhinec, en même temps qu'il fournit de la callaïs, donna de l'or aussi, car M. Gaillard en recueillit en 1884 au dolmen de Kerouaren.

Il n'y a plus dans le canton de Belz de dolmen à sculptures lapidaires, aucun d'eux n'a même de cupules. Cette ornementation ne se retrouve qu'aux alignements de Kerzhero et sur un seul menhir.

La crédulité est la même pour les tombeaux de César. Il n'y existe aucune légende pour les alignements comme au Ménec ; mais il est bon de noter qu'à Plouhinec, à proximité et dans les ruines d'alignements, il existe une chapelle de saint Corneille. Ceci serait une démonstration de l'assimilation par le christianisme et à son profit de ce qu'il avait trouvé enraciné dans les mœurs, les traditions et les antiques croyances du pays. On commençait par édifier, auprès des monuments mégalithiques, ceux de la nouvelle croyance, puis on y créait une légende faisant remonter la création des premiers aux idées nouvelles. Le temps a manqué à Ploubinec pour y établir la légende du Ménec, tandis qu'au contraire il détruit chaque jour et anéantira cette dernière.

Il en a été de même pour l'emploi des matériaux provenant des monuments mégalithiques ; c'était en légitimer et encourager la destruction que les appliquer aux besoins du culte nouveau. C'est ainsi qu'à Carnac, le porche de l'église, d'un style lourd et bizarre, n'est formé que de longs blocs d'un seul morceau et qui sont chacun des menhirs ou de grands supports. De même encore qu'on retrouve souvent dans les repères des chemins de grandes croix de pierre d'un seul morceau ; ce sont autant de menhirs exploités.

CRACH

1. Kerouzer-Brigitte A., 425

A 150 mètres à l'est de la route et 450 mètres environ du dolmen suivant, il existe dans une lande un menhir renversé de 4 mètres 40 en longueur sur 1 mètre 75 en largeur et 90 centimètres d'épaisseur.

2. Kervin-Brigitte A., 464. Parc er roch'

Ruines d'un vaste dolmen dans les blés, près du village et à l'est. Il n'en subsiste que trois supports debout et une table en place, mais de grande dimension. Le support du fond occupe tout un côté ; comme on le verra plus loin à Kerlut en Locmariaquer, c'est un menhir couché sur sa longueur. Il mesure 4 mètres 85 de longueur et 2 mètres de hauteur. Celui qui lui est perpendiculaire et le touche a 3 mètres 40 de longueur, 1 mètre 50 de hauteur, et le troisième 2 mètres 65 sur 1 mètre 50. La table donne en longueur 6 mètres 65, en largeur 1 mètre 85 et en épaisseur 85 centimètres. La chambre paraît donc avoir eu 6 mètres en profondeur et plusieurs tables. C'est le plus grand dolmen connu dans la région.

Bouleversé et évidemment exploré depuis un temps éloigné, il n'existe aucun rapport de fouilles et les résultats sont inconnus. — L'ouverture n'en est pas déterminable avec exactitude.

3. Pen ar pont H., 10. Mané bras

A l'est-sud-est des maisons de l'étang de Bequerel, au point culminant d'un bois, ruines d'un dolmen dont il ne reste qu'un seul support. — Aucun rapport de fouilles n'en existe et l'ouverture n'en est pas déterminable avec exactitude.

4. Luffang G., 799. Er Grah'

Tout à côté du bras de mer de la Trinité et sur un haut plateau qui le domine, ruines d'une grande allée couverte, du moins peut-on ainsi déterminer ou apprécier le monument auquel appartinrent des menhirs plats comme des supports, alignés et espacés entre eux comme ceux d'une allée couverte ruinée ou détruite. Il y existe dix supports debout et huit renversés, mais aucune table ; l'orien-

tation est au sud-est. Ces ruines ont été visitées par divers et, en
dernier lieu, à peu près sans résultats appréciables, par Miln.
— Rapport à la Société polymathique, 1883, page 33.

5. KEROURANG G., 647. PARC EN GUÉRÉN

Ruines de deux dolmens à 500 mètres est de la chapelle de
Saint-Jean : l'un, complètement démoli et bouleversé, ne présente
plus que la table de la chambre effondrée sur des débris ; l'autre, à
40 mètres au sud, est un dolmen à galerie dont il ne subsiste que
les supports. La démolition ou l'exploration du premier a été faite
sans qu'on en connaisse l'auteur ou les résultats ; le second fut
exploré, sans résultats appréciables, en 1866, par MM. de Closmadeuc et Alphonse Martin. — Rapport à la Société polymathique par
M. de Closmadeuc, 1867, page 89. Ouverture du premier indéterminable ; ouverture du second, à l'est.

6. KERSU I., 741. COET KERSU

Ruines d'un dolmen à galerie dont il ne reste que des supports
en place et renversés. Exploré en 1866 par MM. de Closmadeuc et
Alphonse Martin. — Rapport à la Société polymathique par
M. de Closmadeuc, 1867, page 89. Ouverture au sud-est.

7. CRACH F., 538. ER MAR

Dolmen ruiné dont il ne reste que vingt supports debout de la
chambre et de la galerie et une table de cette dernière. La chambre
est circulaire ; diamètre intérieur, 4 mètres ; longueur de la
galerie, 5 mètres 50. Ce dolmen avait déjà été remarqué par
M. Lukis qui n'en poursuivit pas l'examen. Exploré par M. Gaillard en 1887. Il y recueillit des pointes de flèche, une hache, des
silex et des poteries parmi lesquelles un vase apode ornementé, et
des fragments d'un vase ornementé en relief. Ces résultats sont
dans les collections de M. Gaillard. — Rapport à la Société polymathique, 1890, pages 117 à 120. Ouverture au sud-est.

8. PEUDREC F., 532. PARC ER ROCH'

A une cinquantaine de mètres au nord-est des maisons du
hameau et 500 mètres au sud-ouest du bourg de Crach, ruines
d'un grand dolmen à galerie ; il ne subsiste que quatre supports de
la chambre et la table effondrée et entamée par les carriers. La
galerie compte encore seize supports debout et trois tables ; sa

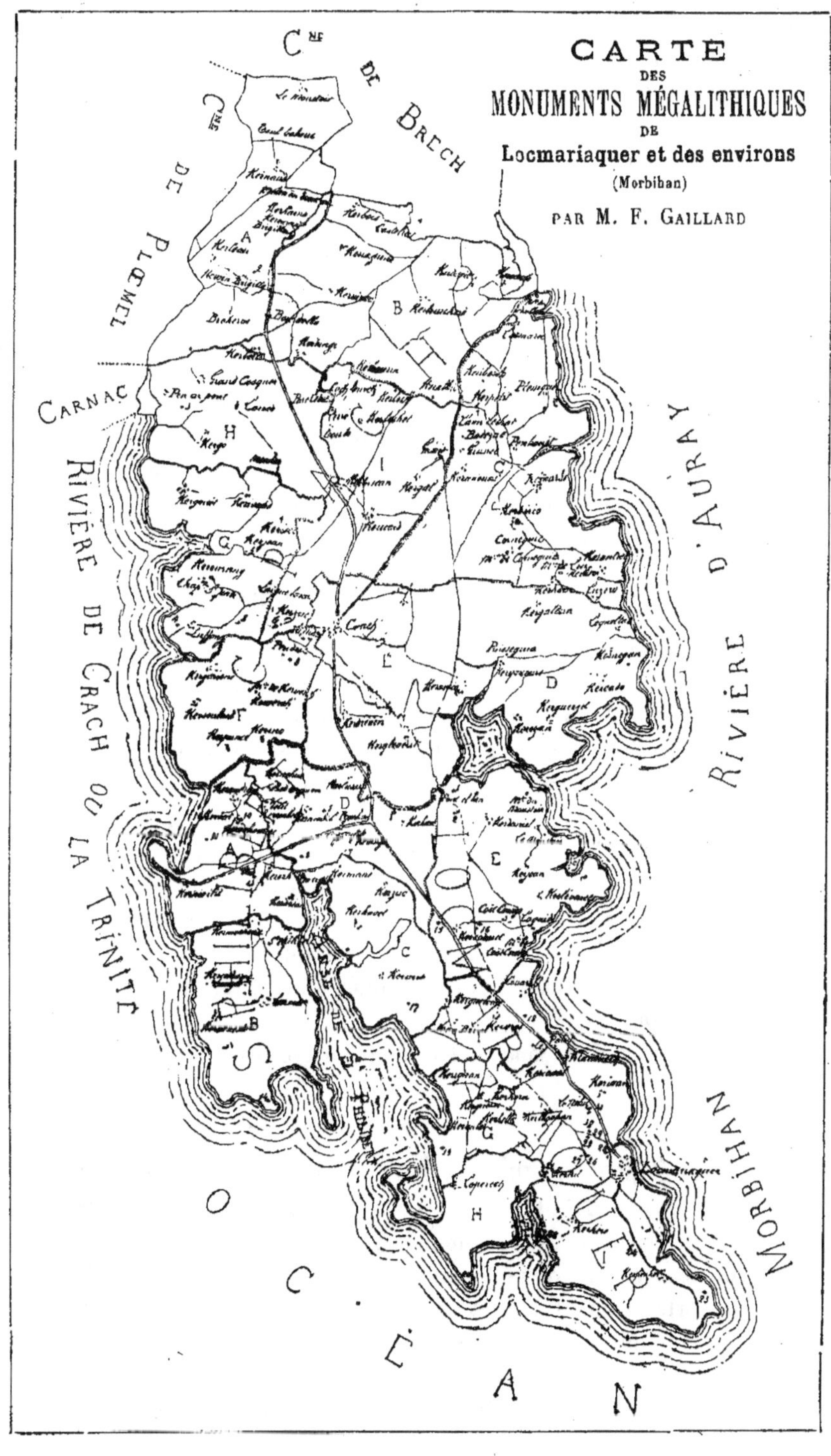
CARTE
DES
MONUMENTS MÉGALITHIQUES
DE
Locmariaquer et des environs
(Morbihan)
PAR M. F. GAILLARD
Cne DE BRECH
Cne DE PLOEMEL
CARNAC
RIVIÈRE DE CRACH OU LA TRINITÉ
RIVIÈRE D'AURAY
MORBIHAN
OCÉAN

longueur est de 10 mètres. Exploré par M. Gaillard en 1885. Il y recueillit quatre vases apodes et trois pendeloques en diverses matières. Ces résultats sont dans les collections de M. Gaillard. Le dolmen de Peudrec avait été antérieurement visité et bouleversé par divers. — Ouverture au sud. Altitude à la carte d'état-major, 12 mètres.

SAINT-PHILIBERT ET LOCMARIAQUER

1. Pont el Len E., 55., Mané Rodoté

A 200 mètres à l'est, sur la hauteur, ruines de deux dolmens démolis et détruits, à 20 mètres l'un de l'autre : l'un avec trois supports renversés et l'autre avec un seul. — Sans rapport de fouilles et sans ouverture déterminable.

2. Kerdaniel E., 1011 ; Mané er Roch' E., 1.013; Mané Gravouillet

A 400 mètres ouest du village et sur un plateau inculte et élevé, deux dolmens en ruines et à 33 mètres l'un de l'autre. Le premier, dans la lande, a sa table effondrée à l'intérieur et trois supports, deux autres supports gisent en dehors à quelque distance ; on ne peut déterminer avec certitude s'il fut à galerie. Le second, au coin d'un champ et près de la clôture, est encore plus bouleversé. Tous deux furent explorés sans résultats, ni détails connus. Le premier a été exploré de nouveau par M. Gaillard en 1886; il y fut recueilli deux pointes de flèche, des silex et de nombreux fragments de poterie. Ces résultats sont dans les collections de M. Gaillard. — Rapport à la Société polymathique, 1890, pages 113 et 114.

Ouverture du premier au sud-est.

Ouverture du second, indéterminable avec exactitude.

3. Kerhan D., 669. Roch'bras

Au sud-ouest du village, à 250 mètres et près du croisement des routes de la Trinité et d'Auray à Locmariaquer, trois dolmens parallèles, à galerie, sur le même tertre. Le premier, au nord, se compose encore de sept supports et deux tables ; le second de six supports et une table, et le troisième de sept supports, une table de la chambre en place et une table de la galerie renversée. Ce dernier a le dallage de la chambre d'une seule grande pierre.

Tous trois furent explorés sans qu'on en connaisse les résultats, sans qu'il en existe un rapport. Le troisième, à grand dallage, a été exploré de nouveau par M. Gaillard en 1886 ; il y recueillit un vase apode, une hache, deux grains de callaïs et des silex. Ces résultats sont dans ses collections. Sur l'une des pierres du dallage de la chambre du premier dolmen, au nord, il existe une cupule.

Ouverture de ces trois dolmens au sud-est.

4. POURHORS D., 476. MEIN-MELEIN

A 15 mètres sud de la route, menhir debout de 2 mètres 60. Il est à remarquer qu'il se trouve à proximité de dolmens et comme indicateur.

5. KERAMBEL D., 524. ER. GRAGUEUX

A 200 mètres à l'est du village, sur une hauteur rocheuse, ruines d'un dolmen ; il n'en reste que quatre supports et une table effondrée à plat. — Aucun rapport de fouilles n'en existe. L'ouverture n'en est pas déterminable avec exactitude.

6. KERMANÉ D., 449. ROCH'BRAS

A 200 mètres sud de la route, sur un haut plateau rocheux, dolmen en ruines ; il se compose de huit supports, deux tables renversées et une en place. Le dallage de la chambre est fait de deux grandes pierres. — Il n'existe aucun rapport sur les fouilles qui y ont été pratiquées. Ouverture au sud-sud-est.

7. KERMANÉ D., 456. LANN KERMANÉ

A 100 mètres sud du précédent et même distance à l'ouest de Kermané, restes d'un dolmen dont il ne subsiste qu'un seul support debout. — Aucun rapport de fouilles. Ouverture indéterminable.

8. KERMANÉ D., 379. MANÉ ER GONGRE

Mémoire. — Il a existé à 200 mètres de la route de Locmariaquer, près de l'embranchement de celle de Saint-Philibert et sur une éminence, deux dolmens ruinés à 12 mètres l'un de l'autre. Explorés en 1876 par Miln. — Rapport à la Société polymathique, 1881, pages 3 à 7. Résultats au musée Miln à Carnac. — L'exploitation d'une carrière, ouverte à côté, a amené la complète destruction de ces dolmens. Miln les considérait tous deux comme ayant été à galerie. Ils ouvraient aussi tous deux au sud-est.

9. Petit Kerambel D., 128. Mané Han

A 20 mètres au nord de la maison existe un grand dolmen à galerie se composant de la table de la chambre et trois de la galerie, en place sur dix-neuf supports, tant de l'une que de l'autre. La longueur de la galerie est de 6 mètres 50. — Aucun rapport de fouilles n'en existe quoiqu'il ait été exploré. L'ouverture en est à l'est-sud-est.

10. Kervehennec A., 312. Mané Kervehennec

A 50 mètres nord-nord-ouest des maisons du village, dans une clôture, ruines d'un dolmen dont il ne reste que la table de la chambre et quatre supports; on ne peut déterminer avec certitude s'il fut à galerie. — Aucun rapport de fouilles n'en existe. L'ouverture semble avoir été au sud-est.

11. Kernivilit A., 101. Mané Canaluye

Mémoire. — Sur ce haut plateau, non loin de la rivière de Crach ou la Trinité, a existé un dolmen, aujourd'hui complètement détruit. Il n'y a pas deux ans qu'il a été construit une maison à proximité, le dolmen a dû passer aux matériaux; il n'y a plus que des débris de granit à la place qu'il occupait.

12. Keroch' A., 646 à 648. Mané Canaplaye

Tout à côté des dolmens dont l'indication va suivre, et sur le développement de la même hauteur, ruines dont la forme n'est pas appréciable. Miln en fit l'exploration en 1880; dans deux tertres qu'il visita il crut retrouver les débris de deux dolmens démolis. Résultats au musée Miln à Carnac. — Rapport à la Société polymathique 1881, pages 76 à 80.

13. Keroch' A., 666 et 668, Mané Canaplaye

A l'ouest du village deux dolmens ruinés. Le premier avec sa table et trois supports renversés; le second, à galerie, quatre supports et la table de la chambre et deux supports de la galerie, tout en place. Le dallage du second dolmen est d'une seule grande pierre. Explorés en 1864 par MM. G. et A. de Closmadeuc, sans résultats bien appréciables. — Rapport par les explorateurs à la Société polymathique, 1864, pages 126 à 129.

Ouverture du premier, indéterminable avec exactitude ; du second,
à l'est.

Altitude à la carte d'état-major, 17 mètres.

14. Kernavest B., 588. Roch' Point er Vil

Deux dolmens ruinés à proximité de la batterie de Kernavest et
sur une pointe de terrain s'avançant en mer, éloignés l'un de l'autre
de 4 mètres environ. Le premier, à galerie, a quatorze supports
seulement. Le second n'a que cinq supports de la chambre ; on ne
peut déterminer s'il fut à galerie. Explorés en 1880 par Miln.
Résultats au musée Miln à Carnac. — Rapport à la Société polymathique, 1881, pages 71 à 76. Ouverture du premier, au sud ; du
second, indéterminable avec exactitude. Altitude à la carte d'état-
major, 16 mètres.

15. Kercadoret E., 746. Er Roch'

A 20 mètres sud-ouest de la route et dans un champ de blé,
ruines d'un dolmen dont il ne reste que cinq supports et la table
effondrée en dedans. — Aucun rapport de fouilles n'en existe ; son
ouverture est au sud-sud-est. Altitude à la carte d'état-major,
6 mètres.

16. Coët Courzo E., 609. Er Roch'

A l'ouest de Coët-Courzo et au coin d'une pièce de terre, au
croisement de chemins, dolmen en ruines dont la table, de
3 mètres 60 sur 2 mètres, repose effondrée sur des supports renversés en dedans. A 15 mètres par côté, débris de la chambre d'un
dolmen dont il ne reste que cinq supports, dont deux renversés. Le
second a été exploré par M. Mahé de Locmariaquer, sans rapport. Résultats dispersés. — Aucune ouverture n'est déterminable.

17. Kerguelvan C., 140 et 175. Men er houer vad

Dans une clôture à 600 mètres sud-ouest de Kerguelvan, menhir
debout de 3 mètres, avec une cupule sur son côté ouest. — A
10 mètres et dans la même clôture, table de dolmen mesurant
3 mètres sur 2 et ayant une cupule. Les supports n'en paraissent
pas et sont peut-être dans la clôture. Le menhir voisin semble bien
être là l'indicateur du dolmen. — Il n'a été fait aucune exploration
ou du moins nul rapport n'en existe.

18. Kervrés F., 793. Er Roch'

A proximité de la route, au nord et à 30 mètres, non loin de la Croix du Chemin, dolmen sans galerie. La table de la chambre est en place et une autre à l'entrée ; elles reposent sur treize supports. Ce monument est un type unique par son ornementation intérieure ; la table principale est constellée de cupules. Elles débordent sur les côtés au-delà des supports, et donnent ainsi la preuve que des cupules furent exécutées avant la construction et la mise en place de la table. Ce dolmen, que l'Etat vient d'acquérir tout récemment, a été exploré sans qu'on en connaisse les détails ou les résultats. — Son ouverture est à l'est-nord-est.

19. Keraulai G., 40. Roch'er Vil

A 350 mètres sud-sud-ouest de Keraulai et dans un champ de blé au point culminant, dolmen à deux tables et huit supports. La table principale présente des cupules à l'extérieur. Exploré en 1890 par M. Mahé. Résultats au musée, à Vannes. — Rapport à la Société polymathique par M. Lallement, 1890, page 160. Ouverture au sud.

20. Saint-Pierre H., 335. Er Houerer

A une extrême pointe, sur le bord de la mer, dolmen en ruines dont il ne reste que trois supports debout, deux renversés et la table effondrée à l'intérieur. — Aucun rapport de fouilles n'en existe. L'ouverture est indéterminable avec exactitude.

21. Kerlut G., 1.298. Mané Guerlut

A toucher les maisons du village au nord, dolmen de grande dimension se composant actuellement de quatre supports et la table. Le support de l'est est un bloc renversé dans sa longueur, 2 mètres 85, et fait tout ce côté. La table mesure : longueur 3 mètres 50, largeur 4 mètres, épaisseur 80 centimètres. La chambre a un diamètre intérieur de 3 mètres 20. Il n'en existe aucun rapport de fouilles. — Ouverture au sud-sud-ouest. Altitude à la carte d'état major, 12 mètres.

22. Keréré I., 1339. Mein plat (pierres plates)

Sur une pointe au bord de l'Océan et à 800 mètres environ sud de Keréré, se trouve la plus grande allée couverte qui soit connue.

Sa longueur totale est de 26 mètres ; elle a été acquise et restaurée par l'Etat. Elle se compose de 38 supports et 12 tables de recouvrement. Elle est coudée et a un cabinet latéral. Ce qui la rend encore plus remarquable ce sont les sculptures lapidaires qui y existent sur dix-huit des supports. M. de Cussé a reproduit les dessins de six supports de ce monument. Les pierres plates forment l'un des plus beaux lots du musée des monuments de l'Etat. Elles furent explorées en 1813 par la Société alréenne d'archéologie, sans qu'il en existe un rapport. — Mémoire produit en septembre 1892 à la Société polymathique par M. de Closmadeuc sur la restauration de ce monument. L'ouverture est au sud.

23. Kerpenhir I., 65. Gomonen

Entre le village et le sémaphore, à l'est de la route, il existe un menhir debout de 2 mètres 60 qui a été exploré à sa base, sans rapport ni résultats connus.

Il est compris dans un arc de cercle de débris et de petits blocs informes dont il est difficile de rien préjuger ; mais à 40 mètres vers le sud et formant clôture existent huit menhirs en ligne faisant nord et sud, renversés et mêlés à des fragments assurément d'autres menhirs brisés.

Dans une autre clôture plus à l'est se trouvent encore des débris, mais pas un seul menhir entier. On ne peut rien en conclure sur l'existence d'autres menhirs, cette clôture ayant pu être formée de débris provenant de la première. — Altitude à la carte d'état-major, 7 mètres.

24. Kerpenhir I., 487. Mané Hroeck

L'un des grands tumulus à dolmen de Locmariaquer, tout à proximité de la route de Kerpenhir et connu généralement sous le nom de Butte de César. Exploré en 1863 par la Société polymathique on y mit à jour un dolmen de grande dimension sans galerie. Il y fut recueilli pendeloques 9 et 45 grains de collier en callaïs, d'autres grains en agate, 101 haches dont 90 en trémolithe et 11 en jade, un disque en jade, etc. Une pierre qui fut relevée en dehors de l'entrée plus grande partie, avec ceux des autres dolmens. Ces magnifiques résultats sont au musée à Vannes. — Rapport à la Société polymathique par M. René Galles, 1863, page 86. Orientation de l'axe intérieur dans la longueur nord-est.

Auprès de la base du tumulus et du côté oriental se trouvent deux menhirs renversés et brisés. Le plus rapproché du tumulus, qui semble entier, a néanmoins son fragment au côté opposé de l'allée d'accès ; ces deux parties forment une longueur de 8 mètres. Le second menhir, dont tous les fragments se touchent presque, mesure 8 mètres 50. Leur situation semble les désigner tous deux comme les indicateurs réels de cette sépulture.

Le tumulus, le dolmen et les menhirs du Mané Hroëck sont la propriété de la commune de Locmariaquer.

25. LOCMARIAQUER G., 1123. BRONSAO

Menhir renversé, en deux fragments, mesurant en longueur 7 mètres 90, situé contre une maison du bourg, précédant du côté oriental le dolmen suivant dont il semble avoir été l'indicateur.

26. LOCMARIAQUER G., 1123 ET 1124. MANÉ RUTUAL

A peu de distance du menhir ci-dessus et dans le même plateau se trouve un monument acquis et restauré par l'Etat ; c'est le vaste dolmen du Rutual dont le nom a souvent varié : Men er Groah', Bergouh, Bé er Groah. Cet immense dolmen est à galerie et il est constitué par trente-six supports et six tables ; longueur totale, 23 mètres.

La table de la chambre est une énorme pierre, colossale, dépassant de beaucoup le support du fond et dont le poids de cet excédent a dû déterminer la rupture. Il est à sculptures lapidaires. D. de Cussé, dans son recueil des signes sculptés sur les monuments mégalithiques, signale et reproduit les dessins de trois pierres dont l'une donne la hache symbolique. Ce dolmen a été exploré par la Société polymathique en 1860. — Rapport à la même Société par M. L. Galles, 1860, page 12 ; les résultats furent peu appréciables. M. de Closmadeuc a fourni à la Société polymathique un exposé complet de ce dolmen après sa restauration, et il en décrit les sculptures sur trois supports et la grande table de la chambre. — Société polymathique, 1885, pages 112 à 119. Ouverture à l'est sud-est.

27. LOCMARIAQUER G , 1124, BRONSAO

A 20 mètres ouest du Rutual se trouvent trois grandes tables, presque au niveau du sol, reposant sur un simple bloquage de pierres et non sur des supports. Ces trois tables ne constituent pas un dolmen bien caractérisé ni une galerie déterminée ; elles ont pu appartenir à une sépulture dont la majeure partie a été détruite depuis un temps reculé.

Explorées en 1890 par M. de Lagrange, il y recueillit une grande lame en silex qu'il possède dans ses collections à Laval. — Rapport à la Société polymathique par M. Lallement, 1890, page 159. Orientation est-nord-est.

28. Locmariaquer G., 1158. Er Grah'

A proximité du Rutual vers le nord, se trouve le plus grand et le plus volumineux des menhirs connus. Il est brisé en quatre morceaux ; la tradition prétend qu'il fut foudroyé ; ce fait s'est reproduit plusieurs fois, même récemment, dans les menhirs des alignements à Carnac. La hauteur de cet énorme monolithe, calculée sur le raccord des quatre parties, donne 21 mètres ; la circonférence de la base est de 10 mètres.

Le granit dont il est composé a donné lieu à bien des observations, bien des appréciations. Il contient beaucoup de quartz à gros grains, et l'on a remarqué ou cru remarquer que ce genre de granit n'existait pas dans le pays ; on supposait par là que cet immense bloc avait dû être transporté de fort loin. On en retrouve cependant soit dans des clôtures, des roches et même une carrière abandonnée à Kerdaniel. De fait, ce genre de granit est fort rare ; des minéralogistes experts pourraient seuls conclure après études spéciales.

M. Ph. Salmon, vice-président de la commission des monuments mégalithiques, a écrit une excellente description du grand menhir de Locmariaquer. Il n'hésite pas à lui donner, au cube et à la densité de la pierre, un poids de 347,531 kilog. (journal l'*Homme*, 1885, pages 193 à 200).

29. Locmariaquer G., 776. Er Grah'

Tout à proximité au nord existe un grand dolmen dont le grand menhir précédent fut probablement l'indicateur ; il est à galerie et a été acquis et restauré par l'Etat. Sa galerie a 6 mètres 50 en longueur ; il se compose de dix sept supports et trois tables de la chambre et de la galerie. Il y existe des sculptures lapidaires sur trois supports ; celui du fond principalement est le plus remarquable, car le vaste écusson qu'il représente couvre entièrement cette grande pierre.

La table de la chambre est également sculptée et porte le dessin de la hache symbolique, et qui a déjà été signalée dans la première partie, le canton de Quiberon, au dolmen tumulaire de Kercado en

Carnac. — Ce magnifique dolmen a été exploré en 1811 par la Société alréenne d'archéologie, sans rapport ni résultats connus. Son ouverture est au sud-sud-est.

Il est connu dans le pays sous le nom de Table de César ou dolmen des marchands.

Tout récemment et quand il fut préparé pour le moulage des sculptures exécuté pour l'Etat, M. Mahé y a encore recueilli quelques objets actuellement au musée de Saint-Germain ; il y mit en évidence aussi de nombreuses petites cupules. — M. de Closmadeuc en a produit, en mars 1892, un rapport spécial à la Société polymathique.

30. LOCMARIAQUER G., 775. ER GRAH'

A toucher le dolmen des marchands se trouve un tumulus ovalaire, vers le centre duquel existent les ruines d'un grand dolmen composé d'une grande et épaisse table soutenue par un support. — Il n'existe aucun rapport sur les fouilles de ce dolmen. Son ouverture n'en est pas déterminable avec exactitude. Le tumulus n'a pas été entièrement exploré et recouvre peut-être d'autres sépultures.

31. LOCMARIAQUER G., 711. MANÉ NELUT

Avant d'arriver à Locmariaquer et sur le bord de la route, grand tumulus de forme allongée de l'est à l'ouest. Il recouvre, à sa partie occidentale, un vaste dolmen à galerie : chambre, 2 mètres 95 sur 3 mètres 60 ; longueur de la galerie, 9 mètres. La table de la chambre est une immense pierre débordant les supports, ce qui en a amené la fracture en ce qui n'est pas soutenu. Le dallage est fait, dans la chambre, d'une seule grande pierre ; elle avait, sculptée en relief, ce qu'on a considéré comme la représentation de la hache symbolique. Cette sculpture a malheureusement été abîmée. Mais neuf parois présentent de nombreux dessins ; toutes ces sculptures ont été reproduites par M. D. de Cussé. — Recueil des signes sculptés sur les monuments mégalithiques. Vannes, imprimerie Galles, 1866.

Le tumulus, comme le dolmen du Mané Lud, a été exploré en 1863 par la Société polymathique ; outre le monument principal, le dolmen, on y trouva, dans l'intérieur et à la même base, un alignement de petits menhirs sur une longueur de 10 mètres, une crypte en maçonnerie de pierres sèches de 2 mètres 25 sur 1 mètre 25 ; profondeur, 1 mètre 10. — Rapports à la Société polymathique par

R. Galles, 1863, page 101 ; par MM. R. Galles et A. Mauricet, 1864,
pages 79 à 85. Résultats au musée à Vannes.

Le Mané Lud a été acquis et appartient à l'Etat.

Ouverture du dolmen au sud.

Une notice de la Société polymathique, publiée en 1856, où les
noms dès lieux comme les monuments désignés eux-mêmes laissent beaucoup à désirer pour la clarté ou la réalité dit :

A Crach.

A Kerlehuerit, dolmen bien conservé.

Au sud de Kerlehuerit, plusieurs menhirs renversés.

A Kerourang, menhir.

Or, non seulement il n'existe ni menhir, ni dolmen, mais pas
même le souvenir.

Il en est de même à Locmariaquer pour Lann Bri, où un menhir
de 3 mètres 10 désigné n'existe pas.

A Kergurionné-en-Crach il a existé deux petites sépultures dol-
méniques dans les bois, aujourd'hui complètement détruites.

OBSERVATIONS GÉNÉRALES

Les alignements de menhirs, qu'on trouve dans les deux can-
tons voisins, ont ici complètement disparu ; il n'y en a jamais
existé puisque rien n'en subsiste, et que de tous les monuments
mégalithiques ce sont ceux qui, par leur vaste étendue, laissent,
malgré leurs ruines, des vestiges de leur existence. Ils ne se retrouvent pas non plus au-delà du Morbihan, dans la presqu'île de
Rhuys qui continue le littoral. Ces grands développements de menhirs alignés en avenues sont donc et furent sans conteste édifiés
sur des zones du nord au sud du territoire où est situé Carnac,
mais ils ne s'étendirent ni à l'est, ni à l'ouest.

Si ce genre de monuments mégalithiques n'existe pas dans cette
portion du littoral que Locmariaquer désigne principalement, comme
Carnac l'autre section, on y constate les mégalithes les plus énormes en dimension ; les supports, les tables des dolmens, tout est
colossal ; les menhirs isolés sont d'une hauteur, d'un volume qui
n'ont leurs pareils nulle part. En même temps que ces proportions
gigantesques, les sculptures lapidaires des dolmens apparaissent de
nouveau ; il semble qu'il fallait ces énormes pierres pour que l'ouvrier préhistorique y gravât son talent artistique. Ces dessins inté-
rieurs des dolmens se retrouvent et se continuent dans les îles du

Morbihan et au delà. On le constate à Penb-ap, à l'Ile-aux-Moines, à Gavr'inis et dans la presqu'île de Rhuys, à Tumiac et au Petit-Mont (Arzon).

Dans la région des alignements de menhirs, première et deuxième partie, les enceintes isolées sont de forme carrée : Crucuno, le Gohquer, Kerlescan, le Manio, le Narbon, Mané Groh', Mané bras ; les cromlechs d'alignements sont curvilignes : le Ménec, Saint-Pierre, Sainte-Barbe et même Kerlescan dont les angles sont arrondis. Dans la région de Locmariaquer les enceintes carrées comme les cromlechs n'existent plus ; on ne les retrouve que dans les îles du Morbihan, mais de forme curviligne : Kergonan dans l'Ile-aux-Moines et à l'îlot de Er Lanic.

Toutes ces observations sur la situation, la forme de ces monuments sont justifiées par ce qui en existe ailleurs. Dans le Morbihan, il n'y a plus ni alignements de menhirs, ni cromlechs, ni enceintes carrées ; il faut, pour retrouver ce genre de monuments, remonter le littoral jusque dans le Finistère (1). Une plume autorisée l'a déjà écrit ; M. Paul du Chatellier signale : les alignements de Moëlan, Plomeur, Braspartz, Crozon et Camaret ; les cromlechs de Nizon, Trégunc, Penmarc'h, Landaoudec et Crozon ; les enceintes carrées de Lanvéoch'en Roscanvel et de Briec, et, remarquons-le bien ici, tous situés sur le littoral de l'Océan comme nos plus grands et plus remarquables monuments du Morbihan. Ni les Côtes-du-Nord, ni l'Ille-et-Vilaine, ni la Loire-Inférieure ne présentent d'autres types, au moins aussi marqués. Les observations ci-dessus puisent leur importance dans ces faits.

Il est facile sur carte de vérifier l'ensemble de la situation des monuments mégalithiques dans cette région. Ce qu'en a écrit René Galles est bien vrai et fondé ; ils suivent, a partir de Kerpenhir, pointe extrême sud-est de Locmariaquer, une ligne vers le nord-ouest. Si bien que le sud-ouest, du côté de Saint-Philibert, en est à peu près dépourvu comme le nord-est de Crach l'est aussi.

Dans l'ensemble général des trois parties de cet inventaire et sur les cartes qui les accompagnent et se relient entre elles, on peut encore constater , tant par le nombre que par la situation des monuments mégalithiques, qu'il existe comme un point central très peuplé à Carnac, et que dans un rayon plus ou moins grand les autres monuments l'entourent. Non seulement la situation sur cartes

(1) Les époques préhistoriques et gauloises dans le Finistère. Inventaire des monuments de ce département, par Paul du Chatellier, 1889. Paris, Emile Lechevalier, éditeur.

des monuments mégalithiques le démontre, mais elle indique aussi leur diminution progressive à mesure que l'éloignement s'augmente.

La direction des monuments mégalithiques de Locmariaquer qu'a signalée René Galles, vient à l'appui de cette observation générale, car c'est bien en effet une zone environnante de la région de Carnac qu'elle représente ainsi.

L'or a totalement disparu des dolmens, mais la callaïs s'y montre en grande quantité et elle se retrouve également au delà, à Tumiac. Il n'en a pas été rencontré dans le Finistère ni les autres départements de la Bretagne.

Le nombre, la matière des haches recueillies y sont exceptionnels ; le jade, la jadéite, la trémolithe, la fibrolite en constituent la majeure partie. Ces environs de Locmariaquer qui n'offrent plus aucun métal dans les dolmens, mais des matières minérales des plus rares ou n'existant guère dans le pays, où les monuments présentent des sculptures nombreuses, des dimensions colossales durent contenir primitivement les sépultures réservées, les plus riches et les plus remarquables.

Toutes les observations relevées ailleurs y sont confirmées. L'orientation de l'ouverture des dolmens y est conforme. Deux dolmens se rapprochent du lever du soleil au solstice d'été à l'époque actuelle, la latitude de Plouharnel, point central de toute la zone, étant de 47 degrés 36', c'est-à-dire à 53 degrés 50' de la boussole. Kervrès, le premier, ouvre au 67ᵉ degré 30', à l'est-nord-est, et il n'atteint pas le solstice. Le Mané Hroëck, le second, est orienté au 45ᵉ degré, au nord-est; il dépasserait donc le solstice de 8 degrés 50'. Mais si on lit attentivement le rapport de René Galles sur les fouilles de ce tumulus, on y remarque que cette orientation es celle de l'axe intérieur du dolmen et qu'il fut peut-être bien complètement fermé et sans issue, comme il en existe, comme il en a été signalé à la Trinité, nᵒ 14, comme René Galles affirme qu'était le dolmen de Saint-Michel à Carnac, fait sur lequel il développe une observation, peut-être fondée, sur la distinction des dolmens avec galerie destinés à plusieurs inhumations et ceux sans issue et réservés à une seule sépulture. Ce n'est donc pas une exception matériellement bien marquée, tandis que le solstice d'hiver au 126ᵉ degré 7' est bien réellement dépassé par le dolmen de Kerlut ouvrant au sud-sud-ouest, 202ᵉ degré 30'. Ceci se rapporte exactement aux observations relatées à la première partie, canton de Quiberon.

Le granit des monuments est, en majeure partie, semblable à

celui qui émerge dans le pays ; seuls le grand menhir, un support du dolmen des marchands, comme il en existe à Gavr'inis, présentent une différence accusée. Mais outre ce qui peut exister en plus ou moins grande quantité, malgré que ce qu'on constate en clôtures, constructions, etc., puisse s'attribuer à la démolition des monuments disparus, la conclusion véritable, si on peut scientifiquement la donner avec démonstration, n'appartient qu'aux minéralogistes.

Le territoire de Locmariaquer fut spécialement occupé par les Romains ; on y retrouve partout les traces de leur séjour, aussi la croyance aux tombeaux de César y est-elle conservée, d'où les noms de Table de César, Butte de César, etc., qu'on donnait à quelques dolmens ou tumulus. Mais, contradiction illogique, ce que contiennent les dolmens presque toujours, les haches de pierre, s'y désignent comme partout ailleurs sous le nom de *mein gurun* (pierres de tonnerre), et on y attache la même efficacité comme talisman.

La tradition des Romains a dû contribuer à la disparition de toute légende, car il n'en existe pas et il semble que le souvenir de l'occupation, impatiemment supportée, ait tout anéanti au-delà de la présence des vainqueurs des Vénètes.

(Extrait de la *Revue des Sciences naturelles de l'Ouest*, 1892.)

ERRATA

PREMIÈRE PARTIE

Page 3, *au lieu de* : 2. Kerdo-vras, *lire* : 2. Kerdro-vras.
Page 4, *au lieu de* : 9. Le Laz H., 809, *lire* : 9. Le Laz H., 796.
Dolmen ruiné, deux supports seulement. — Exploré en 1867 par la Société polymathique. Rapport à la même société par MM. de Cussé et L. Galles, 1857, page 85, sans résultats. Ouverture non appréciable.

10. Le Laz H, 809.

Page 11, *au lieu de* : 22. Le Lizo, Rogarte G., 300. Dolmen exploré en novembre 1884..., *lire* : Dolmen exploré en novembre 1883...
Page 15, au 47. Keriaval, Mané Kerioned E., 322, *au lieu de* : Le Mané Kerioued, Gavr'inis et ses trois dolmens ont été acquis, etc., *lire* : Le Mané Kerioned et ses trois dolmens ont été acquis, etc.

DEUXIÈME PARTIE

Page 39. 10. Kervasic K., 782. Men cam, *au lieu de* : Ce qui semble expliquer son interpellation bretonne, *lire* : Son appellation bretonne.
Page 45, *au lieu de* : Un autre menhir exceptionnel et remarquable, celui-là, par le fait des constructions préhistoriques, *lire* : par le fait des constructeurs préhistoriques.
Page 45, *au lieu de* : il semblerait situé comme ceux de Kerlescan ou ceux du Ménec à Kerdrew et Kérifol, *lire* : ou ceux du Ménec à Kerdrew et Kérifol.

IMPRIMERIE PAUL BOUSREZ, TOURS.